HAÏTI

LA VÉRITÉ

SUR

LA RETRAITE DE DESSALINES

PAR

O. PIQUANT

« Les gouvernements n'ont d'autre génie
« et ne connaissent d'autre destin que la
« bonne et mauvaise administration. »
Discours politiques (Omer TALON).

PARIS
TYPOGRAPHIE A. DAVY
52, rue Madame.

1890

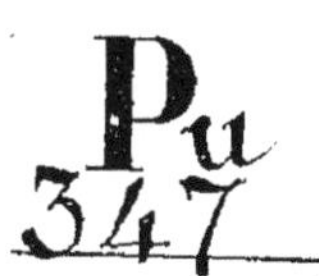

LA VÉRITÉ

SUR

LA RETRAITE DE DESSALINES

HAÏTI

LA VÉRITÉ

SUR

LA RETRAITE DE DESSALINES

PAR

O. PIQUANT

« Les gouvernements n'ont d'autre génie
« et ne connaissent d'autre destin que la
« bonne et mauvaise administration. »
Discours politiques (Omer TALON).

PARIS
TYPOGRAPHIE A. DAVY
52, rue Madame.

1890

PRÉFACE (1).

D'une façon toute fantaisiste, le gouvernement du général Légitime vient de former, à Port-au-Prince, un cénacle, dit commission d'enquête, dont la mission est d'éclairer le pays sur les causes de ma retraite de Dessalines et de lui faire connaître sur qui reporter la responsabilité des funestes conséquences qui doivent nécessairement en découler.

Si j'avais la certitude que cette espèce de commission bannirait de son sein les méchantes pré-

(1) Cette brochure était déjà sous presse quand m'arriva la nouvelle de la chute du général Légitime. Mon but étant, avant tout, de mettre mes concitoyens au courant de la conduite de ce général et de laisser un document pour l'Histoire, je n'ai pas cru devoir renoncer à publier les lignes qui suivent. Je laisse donc continuer l'impression, sans rien changer dans le manuscrit.

dispositions inhérentes aux passions politiques je me tairais pour laisser parler seuls les faits. Mais, comme je m'attends à l'opposite, je mets ici sous les yeux de mes concitoyens impartiaux certains faits de ma campagne dans l'Artibonite Après les avoir confrontés avec ceux de cette enquête, ils pourront asseoir leur conviction.

Quant à mes juges, je leur dis : gare à la vindicte publique ! gare au jugement de l'Histoire ! car leurs infâmes calomnies sont d'avance démasquées si, lâches courtisans, ils se font l'écho du général Légitime qui cherche à donner le change au public, en me faisant passer pour un traître, comme il s'ingénie à l'insinuer dans ses notes malveillantes insérées dans le *Moniteur haïtien.*

Cette brochure est en deux parties dont la première renferme : une lettre que j'écrivis, à mon arrivée à Santiago de Cuba, à mes collègues de l'Assemblée constituante et la reproduction — avec de légères modifications et les corrections nécessaires — de ma Réfutation de la note du *Moniteur haïtien* du 23 mai 1889. La deuxième partie contient : quelques renseignements sur ma conduite, de l'Arcahaïe à Dessalines, mélangés de certaines considérations sur la politique intérieure du gouvernement de Port-au-Prince ; quelques-unes des dépêches que j'adressai au général Légitime et aux différentes autorités avec lesquelles j'étais en rapport durant l'investissement de la ville de Dessalines par l'armée du Nord; un récit sommaire de ce qui eut lieu du jour de mon départ de Dessalines au jour de mon embarquement pour l'étranger; enfin, ma conclusion.

Mes premières intentions étaient de publier une Relation de ma campagne dans l'Artibonite.

Malheureusement, le temps que nécessiterait la classification des nombreux documents y relatifs ne me permettrait pas de faire paraître cet ouvrage au moment propice pour obtenir l'effet que cette brochure est appelée à produire. Je renvoie donc cette publication à une autre époque.

Pour le fond, ces quelques pages ne contiennent que l'expression de la vérité. Quant à la forme, je termine ma préface en priant le lecteur impartial d'être indulgent et de ne pas demander à cet opuscule rédigé à bref délai tout ce qu'il serait en droit d'exiger d'un ouvrage mûrement pensé et longuement préparé.

Qu'il veuille bien se rappeler seulement que j'ai écrit sous l'aiguillon de la pressante nécessité dans laquelle m'a placé le général Légitime de mettre au grand jour l'étrange moyen dont il se sert pour me charger de la responsabilité des calamités que son inaptitude, comme homme politique et comme chef d'État, va occasionner à son pays.

LA VÉRITÉ

SUR

LA RETRAITE DE DESSALINES

PREMIÈRE PARTIE

I

Santiago de Cuba, le 20 *mai* 1889.

Mes honorables collègues,

Arrivé à la capitale le 15 du courant, après ma retraite de Dessalines, à la tête d'une portion de mon corps d'armée, j'ai dû, n'ayant pas pu m'entendre avec le chef de l'État, pour des raisons que, en d'autre temps, je déduirai à mon pays, m'effacer du cabinet. Dès lors, tout se prêtait à un choc entre le gouvernement et moi. Voici comment : en me recevant au palais, où le président me fit appeler plusieurs fois pour le conseil des secrétaires d'État, il s'exprima en ces termes : « Messieurs, je vous ai réunis pour vous demander s'il existe à Port-au-Prince deux chefs d'État; car le général Piquant... » Avant qu'il eût eu le temps de continuer, pour éviter toute discussion malheureuse, je lui dis : « Président, puisqu'il en est ainsi, il n'y a qu'une seule façon de régler cette question, c'est de m'effacer de votre cabinet; je dépose donc ma démission ». Alors je me rendis chez moi pour confirmer, par lettre, cette détermination. Immédiatement après ma sortie du palais, sur les conseils d'un jeune ministre, il allait faire battre l'assemblée et ordonner de m'arrêter, si ce n'était la présence, au palais, du général Boisrond Canal. Il fit appeler le commandant de l'arrondissement à qui il donna, tout de même, l'ordre de me prendre mort ou vif. La nouvelle de ma démission et de mon arrestation avait, en moins d'un quart d'heure, circulé par toute la ville, ce qui porta les soldats et volontaires de mon corps d'armée à se réunir en nombre chez moi pour me défendre contre tout assassinat. Les choses en étaient à ce point, quand j'eus la présence d'esprit de disparaître de la foule qui m'environnait et de me rendre à la légation de France pour mettre à couvert mon honneur militaire et épargner à la capitale les horreurs d'un événement qui serait d'une nature fort étrange.

Mes intentions, en me rendant chez le ministre de France, étaient de mettre ordre à mes affaires, d'obtenir un passe-port de l'assemblée à laquelle j'ai l'honneur d'appartenir, et de quitter le pays pour quelques jours. A mon plus grand étonnement, le commandant de l'arrondissement vint, le 17, à six heures du soir, m'intimer l'ordre verbal du président de la République de m'embarquer sur le « Mortera » qui devait quitter pour Santiago de Cuba, le 18 au matin ; il m'enjoignit même de le faire de nuit. De nuit ! pour quelle raison ? le gouvernement seul le savait. Sur les conseils du ministre de France, j'acceptai cet ordre, ce, pour ne contrarier en aucune façon la marche du gouvernement.

Je suis donc à Santiago de Cuba d'où, ne pouvant me transporter à la Jamaïque, à cause de la variole qui y sévit, je me rendrai prochainement dans une autre île des Antilles.

Je ne fais que soumettre à votre haute appréciation ce malheureux incident, qui justifie mon absence du pays, aux fins d'obtenir de votre bienveillance un passe-port.

En attendant, veuillez agréer, mes honorables collègues, l'assurance de mon entier dévouement.

O. PIQUANT,
Premier constituant de la capitale.

Aux membres de l'Assemblée nationale constituante.
Port-au-Prince.

II

RÉFUTATION DE LA NOTE DU *Moniteur haïtien* DU 23 MAI 1889.

En parcourant les colonnes du *Moniteur haïtien* du 23 mai dernier, il est tombé sous mes yeux une note des plus exagératives me concernant. Elle contient, du commencement à la fin, d'affreuses inexactitudes.

Je n'entreprends pas, quant à présent, d'édifier le pays, comme a dit le *Moniteur*, sur les responsabilités qui découlent de ma retraite de Dessalines, ni de repousser, tout au long, les étonnantes calomnies dont j'ai été l'objet de la part du Gouvernement, car, pour le faire, il me faudrait absolument entrer dans certains détails qui, moralement, anéantiraient nombre de gens en face de l'ennemi commun. Laissons donc se poursuivre les événements ; et le moment arrivera où, publiant les subtilités contenues dans la correspondance du général Légitime avec moi, je ferai voir sur qui tombera la responsabilité de cette retraite.

Cependant, je ne puis laisser passer inaperçus quelques passages de cette note qui attaquent mon honneur militaire.

Le premier est ainsi conçu : « A Dessalines, par une sorte de coupable tolérance, nos munitions étaient gaspillées, l'on tirait inutilement par jour, environ 2,000 coups. »

Dans cette phrase, il paraît que le Gouvernement veut insinuer que j'ai trahi. Tous ceux qui me connaissent savent que mon tempérament proteste énergiquement contre tout acte de cette nature.

Moi trahir ! Oh ! jamais. Le général Piquant, mon père, grâce à la situation qu'il occupait dans l'arrondissement de Nippes, avait su résister au flot des révolutionnaires de 1843 qui envahissait le Sud ; c'est pour ce fait qu'il n'avait jamais été, jusqu'à sa mort, dans les bonnes grâces du président Geffrard. Mon frère, le général H. Piquant, avait mieux aimé se faire tuer au pied du fort Malette, plutôt que de trahir le général Salomon. Ce n'est donc pas moi qui viendrais trahir le général Légitime, que, malheureusement pour la population de Port-au-Prince, j'ai si largement contribué à faire arriver au Pouvoir.

Les traîtres sont ceux qui, pour arriver à la première magistrature de l'Etat, se sont servis, après l'avoir grisée de mensonges, de la force vive de la nation et qui, vingt-quatre heures plus tard, l'ont impudemment et lâchement reniée.

Il faut vraiment n'avoir aucune idée des affaires de la guerre pour avancer qu'une armée, assiégée de toutes parts, peut tirer inutilement 2.000 coups de carabine par jour. D'ailleurs, j'ai fait un mois et 8 jours à Dessalines. Un mois et 8 jours à 2.000 coups de carabine par jour : total 76.000 cartouches qui, mises dans nos petites caisses ordinaires de transport, en donnent 150. De sorte que j'ai laissé gaspiller 150 caisses de cartouches, quand je n'en ai reçu pendant mon séjour à Dessalines que 180. Ces 180 caisses se décomposent comme suit : 100 que m'avait expédiées le général Dardignac, avant que l'ennemi eût repris Mapou ; 29 que j'ai reçues, en deux expéditions, du général Saint-Fleur Paul ; 20 que personnellement j'avais envoyé chercher à Port-au-Prince, dans les premiers jours ; 25 que j'ai fait tirer aux Verrettes, et 6 que m'avait fait parvenir le général Eliacin. Si j'avais laissé gaspiller 150 caisses de cartouches, il en resterait 30. Serait-ce donc avec ces 30 caisses que j'aurais pu attaquer la Petite-Rivière, donner, le 6 avril, l'assaut de la Crête à Pierrot, et répondre, plus tard, à trois attaques, des plus acharnées, dirigées par Jean Jumeau?

On voit, par ce qui précède, combien est passionnée la note du *Moniteur*.

Mon armée était composée, pour la plupart, des volontaires des hauteurs de Léogane, du Petit-Goave, de la Croix-des-Bouquets et des plus grands voleurs tirés des cachots de Port-au-Prince, tels que *Canonnier Diguette* et autres ; des 400 jeunes gens de la capitale qui m'avaient volontairement suivi ; des 1er, 3e, 16e, et 22e régiments de ligne, forts de 37, 105, 52 et 43 hommes, enfin du corps des grenadiers de la garde qui n'avait que 97 hommes, et que le général Légitime m'avait fait parvenir, trop tard, pour garder Mapou. Tels étaient les éléments que le général Légitime voulait mettre en ma possession dans l'Artibonite, encore en quantité insuffisante (1). Ces gens-là, crevant de faim, s'adonnaient à la chasse, et les animaux qu'ils tuaient, ils étaient forcés de les manger sans sel. Assiégés de près, pendant la nuit, nos remparts tiraient, par

(1) Pourquoi le général Légitime, malgré la nombreuse correspondance que j'ai échangée avec lui, ne voulait-il pas mettre en ma possession, pendant que ma ligne était tendue du Bac-d'Aquin au Carrefour-Mapou, des forces suffisantes pour m'emparer du Pont-Sondé et finir avec la ville de Saint-Marc? Pourquoi étais-je forcé d'accepter dans mon armée les voleurs qu'il m'envoyait? Ces questions seront résolues dans un temps à venir.

intervalles, des coups de feu, comme d'ailleurs cela se pratique. Mais ces hommes ne pouvaient pas user 2.000 cartouches par jour.

Il est dit dans cette même note : « Que fit le « général Piquant en entrant à Port-au-Prince ? « Il visita les différents postes de la ville et entra « dans sa maison privée, sans se donner la peine « de venir au Palais national pour rendre compte « au chef de l'Etat de sa retraite inattendue. Le « lendemain matin, il ne vint pas davantage au « Palais. Il se contenta de visiter ses troupes ».

Il paraît que j'avais tenter de renverser le gouvernement du général Légitime (1). Serais-je donc un *fou* ou un *niais* pour penser au renversement de ce gouvernement? Supposons que j'eusse pu le faire. Comment, à la suite, pourrais-je me maintenir au pouvoir, quand le général Légitime, par une coupable tolérance, avait laissé donner des assauts tels à la caisse publique à Port-au-Prince, — il est vrai qu'il y était intéressé — que la cause de l'unité nationale était déjà dangereusement compromise? cause qui, six mois avant, était des plus belles. Cette insinuation est tellement absurde que le bon sens public en aura déjà fait justice.

(1) Si telles étaient mes intentions, je n'aurais eu qu'à m'emparer de la personne du général Légitime quand il s'était présenté devant mon armée au Pont-Rouge.

En troisième lieu, le *Moniteur* contient : « Pour « ce qui est de la question d'argent, le Gouverne- « ment, chaque semaine, expédiait au général « Piquant 4, 5 et 6.000 piastres. Même après sa « retraite, tandis qu'il était au Mirebalais, le géné- « ral Piquant n'a-t-il pas reçu avant son entrée à « Port-au-Prince, la somme de 9.000 piastres dont « 3.000 étaient destinées aux forces du général « Pollas ? »

Ce passage, je vais le démentir en partie, au moyen de documents qui prouveront la fausseté de la note du *Moniteur*.

Quelques jours après la prise de Dessalines, j'envoyai à Port-au-Prince le général Pétion Craig annoncer la mort de l'infortuné général N. Nerette et en même temps chercher de l'argent. En réponse à ma demande d'argent, je ne reçus du Président que la dépêche suivante, *sans numéro*.

13 *Avril* 1889.

Au général O. Piquant, etc.

Dessalines.

Monsieur le Secrétaire d'Etat,

5e alinéa.

Votre collègue des Finances doit aujourd'hui même mettre le département de la Guerre en mesure d'envoyer au général B. Guerrier les 400 piastres que vous demandez pour lui. Le délégué de la Guerre vous fait en même temps un envoi de provisions de guerre et de bouche par le Morne à Cabrit (1).

Le Gouvernement, sentant la nécessité de soulager les employés publics qui souffrent depuis tantôt quatre mois, leur fait payer cette semaine un mois d'appointements. Pour ce motif, il ne vous enverra les fonds que vous lui demandez que lundi, par voie de Cahos.

Signé : F. D. LÉGITIME

Durant mon séjour à Dessalines, le président ne m'expédia en mission que trois de ses aides de camp, MM. Carrié, Vernheiu et Pereire. Le premier apporta P. 6,460 à répartir selon la dépêche ci-après du secrétaire d'Etat de la Guerre et de la Marine.

N° 532.

15 *Avril* 1889.

Au général O. PIQUANT, etc.

Mon cher collègue,

Je vous expédie par le colonel Eugène Carrié,

(1) Je déclare n'avoir jamais reçu ces provisions.

aide de camp de S. E. le président d'Haïti, la somme de P. 6,460 pour le rationnement des forces opérant dans l'Artibonite.

Pour la division qui vous accompagne	P. 2,500
Pour celle sous les ordres du général Pollas.	2.000
Pour celle sous les ordres du général Saint-F. Paul.	1.500
Pour le général, commandant des forces des Cahos.	460
Total.	P. 6.460

Recevez, etc.

Signé : Jéremie.

Ces valeurs aboutirent toutes à leurs destinations.

La lettre du général Pollas et le reçu du général Saint-Fleur Paul ci-après l'attestent :

N° 724.

Quartier général de Bouétau.

28 *Avril* 1889.

Antoine Pollas, général de division, etc.

Au général O. Piquant, etc.

Secrétaire d'Etat.

J'ai l'avantage de vous annoncer que j'ai reçu votre lettre, m'annonçant l'envoi, par le canal du général Saint-Fleur Paul, de la somme de P. 2.000 que vous avez reçue du gouvernement, pour compte de mes troupes. Cette valeur m'a été remise ensemble avec votre dépêche. Je vous fais, secrétaire d'Etat, mes remerciements, etc., etc.

Recevez, secrétaire d'Etat, mes respectueuses salutations.

Signé : A. Pollas.

Reçu du secrétaire d'Etat de l'intérieur, la somme de P. 1.500 pour le rationnement des troupes sous mes ordres.

Dessalines, le 17 *avril* 1889.

Saint-Fleur Paul.
D'Ordre.

Signé : L. M. L. Philippe.
Trésorier-adjoint.

Quant au général, commandant des forces des Cahos, par l'absence de son secrétaire, le général Pétion Craig qui était à Port-au-Prince, il n'avait pas pu m'envoyer le reçu de ses P. 460.

Les 2.500 piastres qui m'étaient destinées ont payé mes rations arriérées. Notez que j'avais déjà 18 jours à Dessalines. La ration de ma première semaine avait été soldée au moyen de 3.000 piastres que le général C. Héraux avait apportées de

Port-au-Prince à la Grande-Saline. Cette valeur, jointe à 500 gourdes que le général Dardignac avait été obligé d'emprunter aux marchandes de la Grande-Saline, servit au rationnement de mes cantonnements de la Grande-Saline, du Bac-d'Aquin, de Desdunes, du Pont-de-l'Estère, du Carrefour-Mapou et de l'armée expéditionnaire de Dessalines. Sans le général Saint-Fleur Paul, qui dans l'intervalle de ces 18 jours m'avait prêté une première fois, P. 1.500 qui lui ont été remises, je ne sais de quoi vivrait l'armée à Dessalines.

Le second aide-de-camp, M. Vernhein, m'apporta pour tout argent, la dépêche suivante du président.

N° 542.

Port-au-Prince, 20 *avril* 1889.

Au général O. PIQUANT, etc.

Mon cher secrétaire d'Etat,

3e alinéa.

Un jeune militaire du 26e de Borgne s'est sauvé de Saint-Marc, mardi dernier. Je l'embarque sur la « Défense », car il désire servir à bord du « Toussaint-Louverture » dont il parle avec avantage (1). La vue de ce navire, d'après lui, inspire

(1) Pourquoi les projectiles du « Toussaint Louverture »,

la plus grande terreur à l'ennemi ; seulement les boulets sont mal dirigés, traversent la ville et vont presque tous éclater dans les mornes. Ce jeune homme nous a déclaré encore qu'il y a actuellement peu de monde à Saint-Marc ; les gens qui étaient au Pont-Sondé, l'ont évacué ; l'on a laissé seulement au Gros-Morne un poste d'observation. Pour s'emparer de la ville rebelle, il faut pouvoir diriger des attaques sur tous les points à la fois, de façon que les hommes ne sortent d'un poste que pour aller au secours d'un autre (1).

Agréez, mon cher secrétaire d'Etat, etc.

Signé : F. D. LÉGITIME.

Le lendemain, je reçus cette dépêche :

N° 558.

Port-au-Prince, 22 *avril* 1889.

Au général O. PIQUANT, etc.

Mon cher secrétaire d'Etat,

Il me revient que les troupes réunies de Mon-

commandés par télégramme en janvier, n'étaient-ils pas arrivés à la fin d'avril pour me permettre de réduire Saint-Marc ? C'est au général Légitime de répondre.

(1) Quelle naïveté ! Le général Légitime savait-il si ce jeune militaire dont il parle, était venu lui jeter de la poudre aux yeux, dans l'intention d'aller causer un tort quelconque au « Toussaint-Louverture ? »

point et de Jean Jumeau attaquent régulièrement la Grande-Saline. Ayant toutes les forces de la Chapelle et des Cahos avec vous, je ne vois pas pourquoi vous ne vous empressez pas de chasser l'ennemi du Pont-Sondé et vous emparer de Gros-Morne avec une portion de votre armée. Il est important, toute fois, que vous gardiez les positions acquises et les mettiez à l'abri de tout retour offensif des rebelles (1).

Agréez, etc.

Signé : F. D. LÉGITIME.

Quelle théorie que celle du général Légitime! Entre lui et moi, qui était plus à même de savoir si Saint-Marc, le Gros Morne et le Pont-Sondé étaient vides? Il aurait dû venir s'y frotter.

(1) Monpoint et Jean-Jumeau, attaquant la Grande Saline, ont évidemment tiré des forces du Pont-Sondé et du Pont-de-l'Estère. Comment donc le général Légitime concevait-il que l'ennemi avait évacué le Pont-Sondé? Pour tenter d'enlever le Pont-Sondé, il me faudrait savoir le jour d'un assaut donné à la Grande-Saline. Alors même, ne serait-ce pas, après avoir laissé mon quartier général à douze lieues, venir exposer mon armée entre trois feux ; celui du Pont-Sondé, celui des forces parties du Pont-Sondé et celui du Pont-de-l'Estère? Notez que l'ennemi était dans les environs du Carrefour-Benoit, route directe du Pont-Sondé où il donnait tous les jours assaut aux généraux Ostin Céleste et Bonhomme Guerrier.

Au moyen de quoi, du reste, tenterais-je d'enlever Saint-Marc ou de rétablir ma communication avec la Grande-Saline, communication qui, d'ailleurs, serait de nouveau interceptée par les pluies, puisque je n'avais point de ration ni en espèce ni en nature, et de munitions que pour me tenir sur la défensive? Ici, il est bon de faire remarquer que, malgré l'insuffisance des 2.000 hommes dont se composait mon corps d'armée, j'avais forcé la mesure pour faire une habile conversion, en occupant les bourgs de l'intérieur de l'Artibonite, et refouler l'ennemi dans la plaine d'où il serait chassé avant 15 jours par les pluies, comme je l'aurais été moi-même.

Si le général Légitime, qui n'a jamais entendu un coup de mousquet au champ de combat, loin de rouler voiture et de donner fête sur fête à la capitale, tandis que d'autres crevaient de faim et exposaient leur poitrine aux projectiles de l'ennemi, savait, à l'instar de Salnave, visiter ses différents centres d'opérations, il saurait que mon armée, ne pouvant pas se nourrir, placée qu'elle était à proximité de Saint-Michel, alors même qu'elle aurait des minutions suffisantes, irait tomber d'inanition dans la plaine de l'Artibonite ; il saurait en outre que ce serait pour faire assassiner mes soldats que je les enverrais reprendre Mapou, car ce camp, qui m'a été enlevé à défaut de forces, est inexpugnable du côté de Dessalines.

Quant aux armées des généraux Péralte et Bonhomme Guerrier, dont parle le président, les dépêches suivantes prouvent assez leur importance.

N° 570.

Port-au-Prince, le 23 *avril* 1889.

Au général O. PIQUANT, etc.

Mon cher secrétaire d'Etat,

5e alinéa.

Le général Péralte et le général B. Guerrier, d'après votre correspondance, avaient à la Petite-Rivière un contingent de 400 à 500 hommes. Est-ce là toute la force avec laquelle ils ont pénétré dans l'Artibonite? Ce renseignement, mon cher secrétaire d'Etat, m'est d'une grande utilité afin que je puisse me guider, etc., etc., etc.

Agréez, mon cher secrétaire d'Etat, etc.

Signé : F. D. LÉGITIME.

A cette dépêche, je fis la réponse suivante :

N° 456.

Dessalines, 1er *mai* 1889.

Président,

J'ai l'honneur de vous accuser réception de vos

dépêches des 20, 22 et 23 avril écoulé, nos 542, 558 et 570 dont le contenu a été bien noté.

Il est impossible, en ce moment, d'entreprendre aucune opération contre le Pont-Sondé, par rapport aux pluies qui viennent de commencer. Nous ne pourrions agir de ce côté que si, par un accident de saison, elles venaient à cesser. Aujourd'hui, l'armée de la Chapelle, dont *vous* me parlez, n'existe que de nom (1). Les deux divisions que j'avais lancées sur Ennery avec le général Saint-Fleur Paul (2), fortes environ de 300 hommes, ont disparu (3). Il n'en existe, à Saint-Michel, qu'une vingtaine d'hommes à peu près. La Petite-Rivière est gardée par 300 hommes (4) et les Verrettes, d'après la déclaration que m'a faite le général Péralte, par 400 (5). Cependant, les 300 hommes qui sont à la Petite-Rivière ont vaillamment défen-

(1) Le *Moniteur* du 16 mai écoulé a avancé à tort que j'ai fait retourner le général Péralte à Mirebalais. A l'avenir je prouverai le contraire.

(2) Le *Moniteur* me reproche d'avoir fait enlever Enery. Avant de le faire, j'avais obtenu l'approbation du général Légitime par sa dépêche en date du 17 avril n° 530. Notez que cette opération a eu lieu trois jours après la réception de cette dépêche.

(3) Les soldats avaient abandonné leurs drapeaux.

(4) La moitié de cette force était sans armes.

(5) D'après le général Péralte, il n'existait que 230 carabines aux Verrettes.

du ce bourg, vendredi, 26 de l'écoulé. La division du général Bonhomme Guerrier se réunit difficilement. Aujourd'hui, elle est forte de 400 hommes, demain elle est réduite à 50 (1). Sa ligne s'étend des environs de pont Benoît à la Savane-Brûlée. Souvenez-vous, Président, que ce sont des hommes de la campagne. Le camp le plus sérieux que j'ai est celui du général Ostin Célestin que j'ai fondé. Il est régulièrement fort de 2 à 300 hommes (2) qui gardent toute une ligne : le carrefour Petit-Bois, les environs de Dessalines, le Pont-Joux et le Pont-Benoît. Ce sont des hommes qui se battent tous les jours contre les ennemis du même quartier que jusqu'ici je ne puis ramener à la raison (3), etc., etc.

Signé : O. PIQUANT.

(1) Cette division était composée essentiellement d'hommes de la campagne qui se faisaient le devoir de se retirer chez eux avec leurs armes et, le lendemain, de renvoyer un des leurs en réclamer d'autres, tandis qu'il n'y en avait pas.

(2) Ce camp n'était armé que de quatre carabines Remington et de soixante-six à piston.

(3) Si l'on pouvait se battre tous les jours au Pont-Benoît et au Pont-Joux, route directe du Pont-Sondé, où donc le président voyait-il que l'ennemi avait évacué le Pont-Sondé en ne laissant qu'un poste d'observation à la Croix-Mulâtresse ?

Ces généraux vinrent réellement à la Petite-Rivière avec un effectif de 4 à 500 hommes, composé, pour le général Péralte, du 15e régiment, montant à 47 hommes, des 10e et 101e régiments, des gardes nationales de Mirebalais et de Grand Bois, tous bien armés de remingtons, et des volontaires du général B. Guerrier, dont la majeure partie était sans armes.

Quant au général Saint-Fleur Paul, il ne se présenta à Dessalines qu'avec environ 200 hommes, une partie armée de remingtons, une autre de carabines à piston et une troisième sans armes. Voilà de quoi se composaient les forces réunies des généraux Saint-Fleur Paul, Péralte et B. Guerrier. Notez que l'arrondissement de la Marmelade était à tout moment, pour venger M. Alfred William, menacé par les forces qui s'organisaient à cet effet à Plaisance.

Le troisième aide-de-camp me remit la dépêche suivante du secrétaire d'Etat de la guerre.

N° 665.

Port-au-Prince, 27 *avril* 1889.

Au secrétaire d'Etat de l'intérieur, etc.

Mon cher collègue.

5e alinéa.

Je vous expédie avec la présente P. 4000 pour le service de la ration. Le secrétaire d'Etat A. Prophète ayant donné de l'argent au général Saint-Fleur Paul, vous n'avez rien à compter à celui-ci, etc., etc., etc.

Agréez, mon cher collègue, etc.

Signé : JÉREMIE.

Cette valeur était expédiée essentiellement en billets de deux gourdes, par le fait exprès de l'Administration de Port-au-Prince. Je publie une dépêche que j'adressai au général Légitime, à cet effet.

N° 470.

2 *Mai* 1889.

Au président d'HAITI.

Président,

En plusieurs fois, j'ai eu l'honneur de vous écrire, ainsi qu'au secrétaire d'Etat de la guerre, de m'envoyer de la monnaie et du sel à manger. Loin de me faire parvenir de la monnaie ou même des billets d'une gourde que je recevais ordinairement, je n'ai reçu que des billets de deux gourdes avec lesquels l'armée ne peut pas vivre. Depuis environ 5 à 6 jours, on ne mange pas ici (1). Non seulement on ne trouve que difficile-

(1) Le 1er mai, on a donné une fête au Palais de l'ex-

ment des vivres à acheter, mais encore on ne peut rien avoir avec des billets de deux gourdes. Cette situation rend la désertion presque générale. J'ai pris toutes les précautions nécessaires, depuis trois semaines que je corresponds avec votre Excellence, pour éviter le désastre qui nous menace ici, provenant principalement du manque de petites monnaies, et de sel à manger. Réfléchissez bien, Président, sur cette situation et veuillez agréer, etc. (1).

Signé : O. PIQUANT.

Cette valeur servit à payer deux semaines de ration à mes forces, dont une arriérée ; une semaine à celles des Verrettes, de la Petite-Rivière et du Pont-Joux (plaine de l'Artibonite).

Ce ne sont que ces deux sommes qu'on me fit parvenir à Dessalines et non les 4, 5 et P. 6.000 dont parle la note du *Moniteur*. Cependant, il était parvenu à ma connaissance qu'un quatrième aide-de-camp, porteur de P. 5.000 à ma destination, arrivé à la Chapelle, où il rencontra le général Eliacin, après l'évacuation de la Petite-Rivière,

position, fête qui a été répétée au Palais National et à l'Hôtel Communal. Elle a, dit-on, coûté P. 10,000 au Pays.

(1) Plusieurs dépêches ont été adressées, dans le même sens, au général Légitime pour lui demander des munitions.

fut obligé de lui donner P. 500. Le reste de l'argent a été remis en main propre au général Légitime. Pour ce quiconcerne les P. 9.000, la note du *Moniteur* est parfaitement exacte. Arrivé de l'autre côté du bourg de Mirebalais, où « l'Artibonite » m'avait, durant trois jours, retenu par son cru, je rencontrai un aide-de-camp du Président, porteur d'une valeur de 3.000 piastres destinées au général Pollas. Il était sur le point de retourner à Port-au-Prince avec cette valeur, à cause de la réaction qui venait de s'opérer à Hinche et au fort Marmont et qui lui barrait le passage du camp du général Pollas. Je me fis donner cette somme. Le général Légitime en fut prévenu par ma dépêche du 13 mai au nº 480. Cette somme a été affectée comme suit : une partie à payer les désastres que mon armée, depuis trois ou quatre jours qu'elle n'avait pas mangé, avait causés sur les champs de cannes et sur les animaux des amis du gouvernement, placés de l'autre côté de l'Artibonite (Mirebalais); P. 300 au général Péralte pour la ration de ses forces; 4 semaines de ration arriérées à dix canotiers de l'Artibonite; une large récompense aux mêmes pour les encourager dans le transport de mes troupes ; enfin une partie à rationner mes soldats, le premier jour, de l'autre côté de l'eau, et le troisième jour à Mirebalais. Ces deux rations, prises au détail, ne représentent qu'une gourde par homme. Le reste de l'argent, joint à P. 1.000 tirées des 6.000 ci-après, a servi à donner double ration à l'armée qui avait faim et qui était en guenille, à mon arrivée à Port-au-Prince.

Avant mon départ de Mirebalais, le colonel Carrié me remit P.6.000 avec lesquelles, moins les 1.000 ci-devant, je suis rentré à Port-au-Prince (soit P. 5000). Cette valeur a été affectée, d'une part, à donner certaines récompenses aux braves qui, depuis six mois, défendaient avec tant de courage et de dévouement la cause de l'unité nationale et qui aujourd'hui, pour la raison que, à l'avenir, j'ai promis de déduire à mon pays, sont considérés comme les plus cruels ennemis de M. Légitime ; et d'autre part, à faire, en partie, les frais de mon départ inattendu pour l'étranger.

C'est la moindre des choses puisque, prévoyant sûrement un sauve qui peut qui coûtera bien cher à la cause de l'unité nationale, d'autres s'enrichissent à la capitale, tandis que moi, confiant toujours dans l'avenir, je défendais avec courage et désintéressement « la population de Port-au-Prince contre l'orage des gens du Nord », dans les hauteurs de l'Arcahaïe, à la Grande-Saline, dans les plaines de l'Artibonite et dans la ville de Dessalines.

N. B. Je n'entreprends aucune polémique avec le *Moniteur haïtien*. Si l'on ose débiter de nouvelles notes dans le genre de celle que je viens de réfuter, quand je publierai la relation de ma campagne de l'Artibonite, je mettrai le pays à même d'asseoir sa conviction sur la conduite que j'ai tenue comme chef supérieur du 2e corps d'armée de l'Ouest et sur celle du général Légitime à mon endroit, du commencement à la fin de cette campagne.

DEUXIÈME PARTIE

I

Il paraît que par les notes du *Moniteur* — que j'ai déjà réfutées — le général Légitime n'est point parvenu à convaincre le pays de ma trahison, puisqu'il vient de constituer une commission..... que dis-je ? une sorte de conseil de guerre ou, pour mieux parler, un cénacle appelé à statuer sur la question, en dernier ressort.

Pour faciliter la mission de cette haute cour, je publie les faits dont on va prendre ici connaissance.

Mes concitoyens, particulièrement ceux de Port-au-Prince, de l'ouest et du sud, étant déjà au courant, grâce aux journaux de la capitale, des diverses opérations militaires faites, sous mon commandement, par le 2e corps d'armée, avant le débarquement de la Grande-Saline, et connaissant les difficiles circonstances dans lesquelles ce débarquement a été opéré, je n'en dirai rien.

Cette dernière opération accomplie, après avoir mis la Grande-Saline sur un bon pied de défense, il fallait organiser, sans tarder, une expédition soit contre la ville de Dessalines, soit contre celle des Gonaïves qui, à ce moment, n'était pas en état d'opposer une sérieuse résistance à une attaque bien organisée et habilement dirigée.

Tel aussi a été mon dessein.

Mais, comme on va le constater, loin de mettre à ma disposition les éléments nécessaires pour continuer la pacification de l'Artibonite, on prit à tâche, à Port-au-Prince, de m'opposer une force d'inertie dont je n'ai jamais pu m'expliquer, non pas la cause, mais les effets avantageux qu'on crut pouvoir en tirer.

A son avènement à la présidence du second gouvernement provisoire — avènement auquel je contribuai largement, témoin les journaux de l'époque — les premiers devoirs du général Légitime devaient consister : d'abord, à s'occuper sérieusement de la guerre, puisque ce fut précisément pour cela qu'on le nomma provisoirement chef du Pouvoir exécutif; ensuite, par une attitude sévère, à imprimer à toute l'administration, un cachet d'ordre et de respect des deniers publics, afin de rétablir le crédit national ébranlé. Ne devrait-il pas aussi chercher, sans délai, les moyens de soulager la misère à laquelle étaient assujettis ceux qui tenaient la carabine pour le triomphe de la cause dont il avait pris la défense? Il aurait dû, en outre, révoquer les fonctionnaires publics hostiles au nouvel ordre de choses, en ne remplaçant que ceux qui occupaient des postes indispensables, et faire servir le montant des appointements des employés rayés aux nécessités pressantes de la guerre. En exerçant une surveillance active sur tous ceux qui conspiraient la ruine de l'Unité nationale, il eût mis les ennemis du gouvernement dans l'impuissance de réagir contre lui. En armant tous les hommes valides de Port-au-Prince — car de là dut partir l'élan de la défense — en les conduisant en personne au champ de combat, il eût organisé une force assez considérable et plus ou moins disciplinée. Enfin, en se tenant constamment sur les lieux d'opérations, sauf quand les exigences de la politique auraient nécessité sa présence au siège du gouvernement, il eût, en prêchant d'exemple, fortifié le courage, la patience et la persévérance chez les défenseurs de l'ordre et de l'Unité nationale.

Au début des événements, le gouvernement avait entre ses mains tous les éléments nécessaires pour étouffer l'insurrection. Il suffisait de les organiser et de les opposer énergiquement à l'ennemi, avant de penser à toute autre chose.

La guerre terminée, le chef provisoire du Pouvoir exécutif aurait pu alors songer à se faire élire définitivement chef de l'Etat, puisqu'il en avait le violent désir et le pouvoir.

Je compris si bien que ces mesures, habilement prises, eussent amené sûrement le triomphe de nos armes que, en ma qualité de conseiller au département de l'Intérieur, je commençai à les mettre à exécution. Loin d'en prendre l'initiative, comme premier chef du gouvernement provisoire, au lieu de me seconder même, le général Légitime me fit aller, sans préparatifs, ouvrir la campagne de l'Artibonite, mon attitude l'empêchant, dès lors, d'inaugurer la funeste politique qui, depuis. l'a mis dans le plus grand des embarras.

J'étais à peine parti que le général Légitime laissa le gouvernement provisoire, d'abord si ferme et si résolu à suivre la voie que commandait la situation, dégénérer en vraie cour du roi Pétaud et se laissa tomber lui-même dans la plus complète nertie, pour ne s'occuper que de son élection à la première magistrature de l'Etat. Ainsi, pendan que, considérant toute la gravité de la situation, nous nous tenions, le ministre de la guerre et moi, sur le champ de combat, repoussant avantageusement les troupes du Nord, le chef provisoire du Pouvoir exécutif — poussé par ceux qui disaient, à la capitale, en nous narguant et en se targuant, que nous avions pris le côté matériel et eux le côté moral de la défense, conseillers sans cœur qui ne rêvent qu'à s'enrichir pour aller vivre en Europe — le chef provisoire du Pouvoir exécutif se fit élire président de la République et s'enferma dans le palais de la présidence où il donne fête sur fête, au milieu de la guerre civile qui dévaste la patrie agonisante. Au milieu de ses bamboches, ceux qui viennent le voir, même pour les plus urgentes questions d'ordre politique, se voient éconduits, s'ils ne sont point de ceux que le général Légitime appelle ses seuls vrais amis; et cela a lieu autant pour les simples particuliers que pour les constituants qui venaient de le désigner aveuglément aux suffrages de l'Assemblée constituante. Aussi, qu'est-il résulté de cette politique insensée? Le découragement dans les cœurs auparavant si pleins d'enthousiasme pour la cause de l'Unité nationale gravement menacée. Partout, les vrais défenseurs de cette noble cause, même avant mon départ pour l'Artibonite, ne faisaient entendre que ces paroles qui pouvaient faire mal augurer de mon absence de Port-au-Prince : « Si le général Piquant n'était « pas auprès du général Légitime, les choses iraient « bien mal! »

Je partis donc, sur l'ordre du chef, pour aller organiser la défense dans l'Artibonite.

Tandis que la guerre se poursuivait ailleurs, j'écrivis de la Grande-Saline, dépêche sur dépêche au général Légitime pour lui faire comprendre qu'il était indispensable qu'il m'expédiât — après en avoir gardé la portion strictement nécessaire à la défense de la capitale — les forces qui pouvaient s'y trouver, afin de marcher contre l'une des deux villes précitées. Ces forces seraient convenables et en quantité suffisante.

Au lieu de suivre cette voie qui était la plus sage, l'homme de guerre improvisé trouva plus conforme aux règles de la guerre d'immobiliser systématiquement à Port-au-Prince presque tous les soldats, les volontaires et toutes les armes sur lesquels on pouvait compter pour terminer la lutte dans l'Artibonite.

Finalement, fatigué, sans doute, de recevoir mes dépêches, le général Légitime se résolut à donner l'ordre de m'expédier quelques hommes des hauteurs de Léogane et du Petit-Goave, recrutés, Dieu sait dans quelle condition !

Après les avoir racolés en guenille, on les jetait dans une prison où ceux qui habitaient loin de la ville restaient cinq à six jours sans prendre d'aliments et d'où on les embarquait pour la Grande-Saline.

A leur arrivée au camp, il me fallait, sur l'heure, leur trouver à manger, la plupart s'étant embarqués crevant de faim. Il me fallait les habiller à demi, c'est-à-dire donner à chacun soit un pantalon, soit une tunique, quoique je n'eusse jamais assez d'habillement pour ceux qui, avant eux, étaient sous les armes. Puisqu'on ne m'envoyait presque pas de chapeaux, il me fallait en acheter pour ceux qui étaient nu tête. Enfin, il fallait apprendre le maniement des armes à ces pauvres campagnards qui, il semblait, voyaient pour la première fois un fusil. Lorsque, à force d'efforts, ils étaient familiarisés avec leurs armes, complètement ignorants des règles élémentaires du tir à la guerre, au moment du combat, s'ils ne se couchaient pas à plat ventre pour tirer en l'air, ils se masquaient derrière des arbres; et leurs projectiles, mal dirigés, atteignaient les soldats qui combattaient à leurs côtés.

Inhabiles à la guerre, ils n'étaient accessibles qu'à la maraude.

Souvent je disais aux généraux Dardignac et Nerrette : Qu'est-ce que ces hommes-là savent de nos conflits politiques ? Pourquoi le général Légitime persiste-t-il à nous les envoyer, à nous expédier tous ces gens condamnés pour vol, des hommes qui, à de rares exceptions, ne pensent qu'à la destruction des biens d'autrui, crime que vous êtes impuissants à les empêcher de commettre, malgré votre extrême sévérité ? Il paraît que l'on cherche à répandre un mauvais vernis sur le 2e corps d'armée. C'est ainsi que demain l'histoire dira que mon corps d'armée a pillé et incendié des propriétés, englobant dans une même réprobation quelques jeunes gens distingués et les plus fiers coupe-jarrets de nos mornes. Voilà ce que je pensais tout d'abord. Mais, l'avenir vint m'apprendre que ce n'était pas seulement cela.

Le général Légitime, qui se laisse mener par le nez, s'imagina qu'en ayant sous mon commandement une forte armée composée d'hommes moraux et exercés dans le maniement des armes, je m'en fusse servi, après la lutte, pour le renverser du pouvoir. Dans le but donc d'éviter ce péril, purement chimérique, à son insu, et avec le concours très habile de ses faux amis, il a sûrement préparé lui-même sa ruine prochaine.

Le lecteur vient de constater le genre de soldats que le général Légitime voulait m'envoyer.

Un tel état de choses était désespérant. Pour expliquer au président la triste situation qui m'était faite et obtenir de lui des éléments convenables pour les nouvelles opérations que j'allais entreprendre, je partis un jour de la Grande-Saline, me rendant à Port-au-Prince, comme d'ailleurs il m'arriva plusieurs fois de le faire, en présence de l'insouciance de l'administration supérieure occupée avant tout à gagner de l'argent, et à s'amuser à la capitale.

Ce fut le 20 mars, à une heure de l'après-midi, que je m'embarquai sur le « Mancel ». A 6 heures du soir, je m'arrêtai à l'Arcahaïe, avec l'intention d'y prendre le 7e et le 8e régiments de ligne qui venaient récemment de faire leur soumission au gouvernement et que maintes fois j'avais demandés, par correspondance, au général Légitime, parce que ces soldats, étant de l'Artibonite, pourraient, mieux que personne, combattre dans ces parages.

Le général J. Carrié, alors délégué du Gouvernement à l'Arcahaïe, m'ayant fait connaître qu'il ne comptait que sur ces régiments pour garder le fort Guibert, je n'insistai pas. Néanmoins, il m'offrit trente-neuf volontaires, toujours les malheureux de la campagne, gens récalcitrants qu'il détenait en prison aux ordres du président. Je dus me contenter de cette offre, car coûte que coûte, il me fallait du renfort. Je fis immédiatement procéder à leur embarquement qui dura jusqu'à minuit. A une heure du matin, je laissai la rade de l'Arcahaïe pour celle de Port-au-Prince où j'arrivai à six heures du matin.

Tout de suite, je dépêchai le neveu du président, le colonel Franck Légitime — qui, par attachement pour moi, se tenait volontairement à la Grande-Saline — pour l'informer de mon arrivée et pour prier en même temps le constituant Jérémie, délégué au ministère de la guerre, de venir promptement conférer avec moi, les haillons de camp que je portais ne me permettant pas d'aller me frotter à des hommes journellement en habit de gala et chamarrés d'or.

Avant d'aller plus loin, le lecteur me permettra cette digression à propos de la délégation de M. Jérémie au ministère de la guerre.

Comment un constituant, par décret du président de la République, pouvait-il être délégué à un poste de ministre non vacant? Remplacer provisoirement un ministre absent par un de ses collègues, comme cela se pratique chez nous, ou même donner mission à son chef de division d'agir dans certaines circonstances et sous le contrôle du conseil des secrétaires d'Etat, cela se conçoit. Mais, déléguer un constituant à un département, dont le titulaire, quoiqu'en guerre, est en fonction, voilà qui ne s'explique pas. Pour justifier cette mesure d'une allure toute révolutionnaire, le général Légitime alléguera sûrement que ce furent les nécessités du moment qui la commandèrent. J'admets que dans ces périodes de révolution aiguë, où la voix du canon étouffe celle de la loi, voire de la loi martiale, l'on prenne ces mesures qui ne souffrent point de retard, laissant de côté celles qui demandent de la réflexion et quelque examen, avant exécution.

Mais alors, puisque nous étions justement dans une de ces périodes, c'était aller à l'encontre de ce principe gouvermental que de faire rédiger au pied levé et voter une constitution, œuvre qui réclame du temps et de la réflexion, et que de se faire nommer définitivement chef de l'Etat... par un vrai coup d'Etat.

Si, au lieu de nommer M. Roche Grellier ministre titulaire de l'instruction publique et intérimaire du portefeuille de la guerre — M. Roche Grellier que la clameur publique fit interdire de son intérim pour... on sait quoi... — M. Légitime avait eu recours, dès le principe, à M. Jérémie, homme de talent et capable, pour occuper ces deux postes et dans les mêmes conditions, il eût assurément mieux fait. Bref.

Le constituant Jérémie que je fis prier, depuis six heures, de venir promptement conférer avec moi, ne put se présenter à bord qu'à neuf heures du matin. Après les courtoisies d'usage, sur mes instances, il descendit à terre, sans perdre de temps, pour me faire parvenir quelques centaines de costumes pour soldats, de l'argent et trois cents fusils. Je le priai également de m'excuser auprès du président de ne pas pouvoir descendre et de lui demander de vouloir bien mettre à ma disposition des forces convenables et une ou deux mitrailleuses, nécessaires aux nouvelles opérations que j'allais entreprendre. A ce moment, on venait de recevoir de l'étranger cinq mitrailleuses qui, jointes à celles qui ornaient déjà la cour du palais de la présidence, en faisaient huit.

Malgré l'empressement du constituant Jérémie — qui, depuis son arrivée au ministère, faisait diligence dès qu'il s'agissait d'une demande pour l'armée — jusqu'à onze heures et demie je n'avais encore rien reçu.

Dans l'intervalle, le général Contreras, qui était monté à bord avec le constituant et que j'avais chargé de la même mission, rencontra le général Légitime au bureau du port, à neuf heures du matin, et la lui transmit.

Prenant son allure ordinaire de soupe au lait, comme disait le journal *La Vérité*, le chef de l'Etat répondit en ces termes : « Ce ministre vient « ici trop souvent. Il paraît qu'il n'a rien à faire « à la Grande-Saline. »

Après avoir conduit quelques jeunes gens de Port-au-Prince dans les hauteurs de l'Arcahaïe, du Font-Baptiste et au fort Guibert, et avoir, à leur tête, combattu avantageusement une partie de l'armée du Nord dans ces endroits impraticables, rompus de fatigue, je revins à l'Arcahaïe pour leur permettre de prendre quelques jours de repos, avant de les emmener opérer l'imprudent débarquement de la Grande-Saline. A cette occasion, le général Légitime m'écrivit une fort belle dépêche de félicitation.

Si je m'étais fait tuer à la Gorge-Jeanton, je n'aurais pas eu l'honneur de savoir que, pour lui, je ne faisais maintenant rien. Quittant l'Arcahaïe, j'allai opérer ce débarquement à jamais mémorable, vu les circonstances exceptionnellement désavantageuses dans lesquelles il eut lieu.

Ce bourg pris, il me fallut quinze jours pour

désinfester ses environs, étudier la plaine de l'Artibonite, en attendant les nouvelles forces que plus d'une fois j'avais demandées par correspondance.

Tandis que je faisais des préparatifs pour entreprendre une expédition, le général Légitime, tranquillement occupé, à Port-au-Prince, de ses fêtes sardanapalesques, trouvait que je ne faisais rien à la Grande-Saline. Pour être, à ses yeux, un homme actif et intrépide, j'aurais dû, sans doute, me faire égorger à Saint-Marc !

Laissant la Grande-Saline, j'étendis ma ligne d'opérations du Bac-d'Aquin au Carrefour-Mapou, après deux journées de lutte à Desdunes, au Pont-de-l'Estère et au Bac-d'Aquin. Ce fut en ce dernier endroit qu'eut lieu la grande bataille du 1er mars, bataille qui décida de la prépondérance de mon armée, alors forte de 1400 hommes, sur celle de l'ennemi dans l'Artibonite. Encore là, je ne faisais probablement rien.

Ensuite, j'enlevai Dessalines, la Petite-Rivière et donnai le fatal assaut de la Crête-à-Pierrot. Toujours, pour le général Légitime, je ne faisais rien à Dessalines, si vrai, qu'il osa avancer, dans sa note diffamatoire du 23 mai, que j'y étais resté dans l'inaction. Si, avec ceux qui m'accompagnaient, je m'étais immolé à l'ambition du général Légitime et aux passions de ceux qui l'ont attelé à leur char de victoire, alors seulement j'aurais accompli, selon eux, quelque action d'importance. Oui, pour le général Légitime et sa clique, je n'aurais pas dû être encore sur terre, car de ma mort dépendaient leur triomphe complet et la réalisation de leurs vœux politiques les plus chers. Loin de s'inquiéter de M. Florvil Hippolyte qui lui dispute l'honneur de la présidence de la République, le général Légitime ne voulut penser qu'à moi ; il ne rêva que ma perte, toujours pour ne pas être, par moi, après la guerre, chassé du Pouvoir.

Revenons à sa conversation avec le général Contreras. Aux précédentes paroles qu'il adressa à ce général, M. Légitime ajouta : « Que « veut-il (ce ministre) faire avec de nouvelles mi- « trailleuses ? Où veut-il donc que je prenne de « nouvelles forces pour lui envoyer? » Cependant, le président ordonna, sa fougue apaisée, d'ouvrir de nouveau les cachots de Port-au-Prince, et, musique en tête, fit conduire sur le wharf et embarquer une quarantaine de forçats, toujours en guenille.

Ne voyant pas arriver, jusqu'à onze heures et demie, les articles que j'avais demandés au constituant Jérémie, je chargeai de me les apporter le commandant, le chef mécanicien du « Mancel », les généraux Nicolas et Emile qui descendaient à terre. Remontés à bord, à midi et demi, ces messieurs me dirent n'avoir rien trouvé au bureau du port et qu'ils n'avaient même pas pu voir le délégué au département de la guerre.

Ne comprenant rien à tout cela, je pris la détermination de descendre moi-même, à une heure; et je me rendis seul, dans une voiture fermée, au palais de la présidence. Ce fut seulement à ma vue que le général Légitime se décida à me faire donner une mitrailleuse, sur les huit, et cinquante fusils, tandis qu'il en avait six cents dans les dépôts du palais de la présidence. Notez que j'avais alors, à la Grande-Saline, plus de deux cents hommes de Léogane, mal vêtus et sans armes, nombre qu'allaient augmenter ceux que je venais de prendre à l'Arcahaïe. Quel pouvait être le motif de cet étrange procédé de la part du général Légitime ? Toujours le fantôme de mon corps d'armée le culbutant du Pouvoir, après la guerre!

Je m'en allai du Palais à une heure et demie pour me rendre dans ma famille où je ne passai que quinze minutes. De ma maison, je me transportai, encore seul dans une voiture fermée, à bord, avec la mitrailleuse, les cinquante fusils que je venais d'arracher au président, et trois cents costumes de toile bleue que le constituant Jérémie avait fait déposer à mes ordres au bureau du port.

Je devais repartir de Port-au-Prince à trois

heures de l'après-midi, mais le temps si long qu'on mit à me faire parvenir de l'argent (P. 5000) me força à rester en rade jusqu'à six heures du soir, heure à laquelle je fis lever l'ancre pour la Grande-Saline. Je n'y arrivai qu'à cinq heures, car il fallut au « Mancel » faire, avec le Dessalines, pendant la nuit, la croisière devant Saint-Marc. Dès mon arrivée, je voulus me rendre au Carrefour-Mapou, quartier-général du major général de l'armée. Mais, sentant le besoin de prendre un peu de repos, je fis écrire au général Dardignac d'avoir à se présenter à la Grande-Saline pour recevoir de nouvelles instructions, et je gagnai mon lit, tout exténué de fatigue, après deux nuits que je venais de passer sans dormir.

Le général Dardignac —, qui, par son activité ordinaire, ne perdait jamais une minute en guerre — arriva à la Grande-Saline à quatre heures de l'après-midi. Après avoir concerté longuement ensemble, nous nous décidâmes à nous emparer de la ville de Dessalines plutôt que de donner un assaut à celle des Gonaïves. Apprenant le triste résultat que je venais d'obtenir à la capitale, il fut presque découragé.

A ce sujet, il me dit : « Il paraît que le gou-
« vernement ne s'occupe pas sérieusement de la
« guerre, ou nous prend pour un vil troupeau
« propre à envoyer à la boucherie? Comment

« peut-il s'imaginer qu'avec les seuls deux mille « hommes armés que nous avons ici nous puis- « sions à la fois assiéger l'arrondissement de « Saint-Marc, celui de Dessalines et enlever la « ville des Gonaïves?

« Je ne trouve pas la raison pour laquelle au « lieu des milliers de jeunes gens qui encombrent « la ville de Port-au-Prince et des soldats exercés « qui sont à ne rien faire dans la cour du palais, « le Président n'a trouvé bon de vous donner « que des forces tout à fait incapables d'attaquer « sérieusement et de prendre la ville des Gonaï- « ves. Pourtant, c'est une opération qui, si elle « avait réussi, terminerait assurément la lutte « dans l'Artibonite, la ville des Gonaïves étant « seule à alimenter celle de Saint-Marc dont le « port est rigoureusement bloqué en ce moment. »

« Ne vous découragez pas, lui répondis-je. Il faut accepter la situation telle quelle. Nous sommes déjà engagés. Je n'exige en ce moment que deux choses de ceux qui défendent à mes côtés la cause de l'unité nationale : la patience et le sang-froid qu'il faut pour sortir de l'impasse où nous nous trouvons dans l'Artibonite.

Après quelques minutes de réflexion :

« — Avez-vous apporté, ajouta-t-il, des armes « pour tous ces malheureux de Léogane qui sont « ici?

— Non, lui répondis-je ; on n'a pas voulu m'en donner suffisamment.

« — Avez-vous apporté des cartouches pour « nos carabines de douze coups?

« — Non ; il n'y en a pas à Port-au-Prince.

« — Avez-vous au moins apporté les projec- « tiles du *Toussaint-Louverture*?

« — Ils ne sont pas encore arrivés.

« — Quoi! répliqua-t-il, les projectiles du « *Toussaint*, commandés par télégramme depuis « le 6 janvier, ne sont pas encore arrivés! Je « crois que l'on se joue du chef de l'État, à « Port-au-Prince. »

Si l'on ne hâta pas l'expédition de ces projectiles, c'est que le général Légitime crut qu'il avait des amis qui, d'un moment à l'autre, allaient susciter une réaction dans les villes des Gonaïves et de Saint-Marc. N'était-ce pas là de la naïveté? N'était-ce pas aussi par naïveté qu'il envoya au Cap MM. Ch. Miot, d'Aubigny et Hermann qui, en guise de remplir la mission soi-disant pacifique pour laquelle ils y furent envoyés, enhardirent les chefs de l'insurrection en leur faisant connaître que j'avais seulement deux mille hommes dans l'Artibonite, après avoir tous les trois contribué à acheter des bateaux de guerre aux insurgés? — N'était-ce pas encore la naïveté qui fit répéter souvent au général Légitime qu'il y eut au Cap un commencement de manifestation armée en sa faveur?

Leurré donc par la pensée de la réaction des Gonaïves et de Saint-Marc, l'habile chef d'État ne voulut point qu'on mît de l'activité à expédier ces projectiles; et, pour contrarier mon plan, faire de la bonne guerre, les fit retarder, sachant qu'en moins de trois jours, le *Toussaint*, avec ses canons Bange, eût réduit la ville de Saint-Marc et porté un coup décisif à l'insurrection. Mais alors aussi, c'eût été, pour le général Légitime, le coup fatal, puisque mon corps d'armée irait aussitôt envahir le palais de la présidence et en chasser le Chef de l'État pour m'y placer.

O comble de la simplicité!

Le seul canon Krupp, de 10 tonnes, que le *Toussaint* avait à son bord et avec lequel on bombardait ne put jamais obtenir un bon résultat. Nous n'avions pour ses pièces Bange que vingt-sept projectiles. Par prudence, je les fis toujours conserver, en prévision d'un combat naval. Le général Légitime était donc mal renseigné quand il me transmit, par sa dépêche du 22 avril, les paroles du jeune militaire de Saint-Marc qui, après sa soumission, demanda à servir à bord de ce navire, à ce moment un vain épouvantail.

A son tour, le général Dardignac se trompait

en disant que l'on se jouait, à Port-au-Prince, du chef de l'État.

Cependant, le major-général de l'armée, à ses premières réflexions, ajouta : « Si j'avais les pro-« jectiles du *Toussaint* j'aurais tenté la prise des « Gonaïves. C'est égal! Je vais m'emparer de « la ville de Dessalines, car coûte que coûte, il « nous faut sortir de la plaine de l'Artibonite « avant les pluies. »

Sur ce, il ordonna de sonner le départ. Son état-major, toujours attentif au camp, fut prêt en un clin d'œil.

A huit heures du soir, sous une pluie battante, le major-général partit.

En me serrant la main, il me dit : « Je vous écrirai de Dessalines, samedi 30 mars. »

Le général Dardignac alla donc organiser l'opération décidée.

En passant, il entra au Bac-d'Aquin, concerta avec le général Nerrette, chef supérieur de ce cantonnement, et se transporta dans son quartier général où il arriva à quatre heures du matin. Il employa toute la journée du 29 à préparer son expédition. Enfin, le 30 mars 1889, la ville de Dessalines était prise d'assaut (1).

(1) On peut voir dans le Moniteur du 4 avril de cette année, le bulletin et l'ordre du jour publiés à cette occasion.

II

Avant la prise de Dessalines, voici mon plan de campagne :

M'emparer de cette ville avec onze cents hommes dont se composait à peu près l'armée expéditionnaire ; en laisser trois cents au Carrefour-Mapou ; trois cents au Pont-de-l'Estère ; trois cents au Bac-d'Aquin ; cinquante à Desdunes et cent à la Grande-Saline. Arrivé à Dessalines, j'enverrais chercher le général Saint-Fleur Paul pour garder cette ville. Quatre jours après, vers le 5, j'enlèverais la Petite-Rivière, y ferais descendre les forces des Cahos, pour l'occuper ; j'irais de là, sans perte de temps, saisir le bourg des Verrettes qui n'était défendu que par les camps Désarmes, Trois-Frères et Saint-Arneau, contre la Chapelle. De cette manière je mettrais entre le feu de cinq cents hommes tirés de mon armée et celui de la division de la Chapelle, l'ennemi que je refoulerais dans Saint-Marc, par le portail Piver, tandis que l'autre portion de l'armée expéditionnaire irait immédiatement prendre possession du Pont-Sondé de concert avec deux cents hommes sortis du Bac-d'Aquin.

En attendant, les forces placées du côté du portail Piver y resteraient pour défendre la ligne des Verrettes contre toute invasion partie de Saint-Marc. Ces premières opérations terminées, la plaine de l'Artibonite entièrement pacifiée, réduite au silence, le général Saint-Fleur Paul descendrait au Mapou pendant que les forces cantonnées à la Petite-Rivière et au Bac-d'Aquin feraient leur jonction au Pont-Sondé où se trouverait alors réunie toute l'armée expéditionnaire.

Avant que l'ennemi aurait eu le temps de se réorganiser, de préparer aucune défense, et grâce à cette concentration de mes forces, je donnerais un assaut décisif à la Croix-Mulâtresse, m'en emparerais et y laisserais, avec le commandement de l'arrondissement de Saint-Marc, le général Nerrette à la tête du corps expéditionnaire s'étendant jusqu'au Pont-Sondé, armé de deux mitrailleuses et de deux pièces de canon. Immédiatement cinq divisions, y compris celle du général Saint-Fleur Paul, ayant pour commandant en chef le major-général de l'armée, seraient dirigés sur la ville des Gonaïves où, avec deux mille hommes environ, je livrerais une bataille décisive, pendant que j'en aurais également deux mille à peu près assiégeant Saint-Marc qu'il eût été, à ce moment imprudent d'attaquer.

Une fois la ville de Dessalines en ma possession il m'eût été facile d'exécuter ce plan en moins de dix jours, car l'armée du Nord,en majeure partie, s'était concentrée du côté des Gonaïves où elle m'attendait plutôt qu'ailleurs. Mais, pour cette exécution il m'aurait fallu disposer de quatre mille hommes, nécessité évidente que M. Légitime ne put ou du moins ne voulut jamais comprendre. Quelque conclusion que j'en pus tirer, comptant sur différentes forces indépendantes de mon corps d'armée, j'eus bien le droit de faire cette entreprise qui, sur 100, avait 99 chances de réussite.

Mais combien grande fut ma surprise quand, arrivé au fait, je constatai que ces diverses armées tant chantées par le général Légitime dans ses bulletins et ordres du jour n'existaient — hormis celle du général Péralte forte de six cents hommes environ, bien armés de remingtons mais la plupart en guenille — n'existaient que de nom! Effectivement. Je quittai la Grande-Saline le 3, à neuf heures du matin, en passant par le Bac-d'Aquin. Après avoir donné des instructions au général commandant ce dernier cantonnement, je me rendis au Pont-de-l'Estère.

Là, je me fis préparer à manger, n'ayant rien pris depuis le matin.

Après un repas vraiment fait sur le pouce, je partis du Pont-de-l'Estère pour le Carrefour-Mapou.

Ces trois points étant en parfait état d'ordre, sans m'attarder, je continuai pour Dessalines. J'y arrivai à cinq heures de l'après-midi.

Comme j'avais donné ordre au général Nerrette d'envoyer chercher le général Saint-Fleur Paul, ce dernier s'y trouvait, mais sans cette armée dont le Moniteur, si souvent, parlait avec avantage, entre autre dans son numéro du 12 février de cette année, où l'on annonçait avec faste que le général Saint-Fleur Paul était sur le point de s'emparer du bourg d'Ennery.

A Dessalines, ce général n'avait à sa suite que deux cents hommes dont une partie était armée de remingtons, une autre de fusils à piston et le reste sans armes.

J'eus avec lui ce court entretien :

« — Général, lui dis-je, je vous ai mandé à Des-
« salines, afin que vous gardiez cette ville. Je
« pars pour aller poursuivre mon plan de cam-
« pagne. Je dois attaquer la Petite-Rivière demain.

— « Il me faut absolument, me répondit-il,
« retourner à Saint-Michel. Ce point est me-
« nacé par le général Jean-Jumeau. Je vais y

« mettre de l'ordre et organiser une division.
« Cependant, je puis concourir à la prise de la
« Petite-Rivière. Dans ce cas, il vaut mieux ren-
« voyer l'attaque de demain à samedi. Je passerai
« par les Cahos, ainsi que la division qui garde les
« Cahos, tandis que votre armée marchera par le
« Pont-Benoît. — Il me faudra, immédiatement
« après les opérations, partir pour Saint-Michel.
« Quant à garder Dessalines je ne le pourrai
« pas. »

Je fus obligé d'accepter cette proposition, les forces dont je disposais ne me suffisant pas pour agir dans cette circonstance. Dès lors aussi, l'ordre de mes combinaisons était complètement troublé, puisqu'il me fallait laisser à Dessalines la portion de mon armée sur laquelle je comptais le plus. A ce sujet, j'adressai la dépêche suivante au général Dardignac qui, par suite d'une légère blessure qu'il reçut à la cuisse, fut forcé de rester à la Grande-Saline.

« N° 340.

« *Dessalines*, *le* 4 *avril* 1889.

« Général,

« Je suis arrivé à Dessalines hier, à cinq heures
« du soir.

« Par suite d'une entente intervenue entre les

« généraux Nerrette et Saint-Fleur Paul, la Pe-
« tite-Rivière sera attaquée samedi.

« Le général Saint-Fleur Paul qui est allé « s'organiser à Saint-Michel, partira de là pour « aller ouvrir le feu; et le général Nerrette le « suivra immédiatement.

« Je vais faire occuper le Pont-Benoît, afin de « contenir l'ennemi et de ne pas exposer le gé- « néral Nerrette entre deux feux. A cet effet, « des forces suffisantes sortiront d'ici aujour- « d'hui, avec une mitrailleuse, pour prendre pos- « session de cette position et s'y remparer.

« C'est maintenant mon tour, général, de vous « demander des munitions de guerre, en masse. « Toute la quantité que nous avions est épuisée.

« Le général Nerrette devant marcher avec une « pièce d'artillerie, expédiez-moi les boulets de 4, « chargés, que j'ai laissés à la Grande-Saline.

« Recevez, général, etc.

(Signé) « O. Piquant. »

Qu'arriva-t-il, dès que le général Saint-Fleur Paul fut à Saint-Michel?

Il me causa une nouvelle surprise en m'annonçant, par lettre, qu'il ne pouvait plus prêter son concours à l'attaque de la Petite-Rivière.

Cette lettre, que je reçus le 5, à six heures du soir, me contraria vivement. A sa réception, je fis appeler le général Nerrette pour savoir s'il n'y aurait pas moyen de retarder d'un jour les opérations. Mais ses colonnes étaient déjà en marche et il était, lui, sur le point de les suivre. Il me fit alors remarquer qu'un contre-ordre ne laisserait pas de produire un mauvais effet sur l'armée, que, de plus — ce qui était une juste prévision — le général Saint-Fleur Paul, dans l'intervalle, pourrait, sauf miracle, nous annoncer un nouvel inconvénient, et que enfin, puisque le général Saint-Fleur Paul n'avait point reçu d'autres armes, les quelques fusils Remington et à piston qu'il avait ne pourraient ni plus ni moins dans la circonstance.

Le général Nerrette manqua de sincérité ici. Le langage, il est vrai judicieux, qu'il me tenait, ne lui était pas inspiré par la situation de l'armée. En effet, cinq minutes avant, il avait reçu une dépêche par laquelle — en réponse à une lettre où il le priait de faire revenir de l'exil M. Pyréné son frère — le général Légitime lui annonçait que M. Pyréné était à bord d'un steamer, alors en rade de Port-au-Prince, que contrairement à son désir, il ne pouvait pas le faire descendre, mais que prochainement il s'occuperait de le faire rentrer dans le pays.

Cette dépêche déplut tellement au général Nerrette qu'il prononça ces paroles : « Puisque,

« malgré tous les services que je rends au gou-
« vernement, le général Légitime m'a refusé de
« faire revenir mon frère dans le pays, je vais me
« faire tuer demain. Ce sera un malheur, mais
« quand je ne serai plus à la tête de l'armée il
« saura, alors seulement, apprécier les services
« que je lui rends maintenant. »

Quelle folle idée! se faire tuer pour le général Légitime, dans les ronces de l'Artibonite, tandis qu'il était tranquillement plongé dans les délices... de Port-au-Prince! C'est une vraie aberration!

Voilà donc en considération de quoi le général Nerrette, et non par appréhension d'un mauvais effet, n'était pas d'avis de donner un contre-ordre, en apprenant ce que le général Saint-Fleur Paul venait de m'écrire.

Si ces paroles étaient parvenues à temps à ma connaissance, jamais je ne l'aurais laissé partir sous cette malheureuse inspiration, car j'aimerais mieux me passer de n'importe quelle victoire pour conserver ce bon ami, cet homme de cœur, ce vaillant soldat qui était appelé à rendre de grands services à son pays. Comme l'avait dit le général Nerrette, le général Légitime ne tarda pas à ressentir le contre-coup de ce grand malheur; et si ce dur sacrifice de la Crête-à-Pierrot n'avait pas eu lieu, coûte que coûte, l'armée expéditionnaire aurait abouti au Pont-Sondé, vers le 9 ou le 10, et ainsi mon plan de campagne serait presque à moitié exécuté.

Après l'entretien que j'eus avec lui, le général Nerrette me fit ses adieux à sept heures du soir, et suivit de près sa division forte de septs cents hommes. Il alla passer la nuit au Pont-Joux. Le lendemain matin il dirigea quatre colonnes sur le bourg de la Petite-Rivière. Voici dans quel ordre : La première colonne, après avoir délogé les avant-postes ennemis, fait nombre de prisonniers, attaqua le bourg du côté sud. La seconde colonne, formant le centre d'attaque, se dirigea du côté nord. La troisième, sous le commandement du général Nerrette lui-même, formant l'arrière-garde, attaqua de front. La quatrième enfin, conduite par le général Pyrrhus Agnan, formait la réserve. Les mitrailleuses et la pièce de canon étaient commandées par cinq jeunes officiers qui, dans toutes les circonstances ont su rivaliser d'ardeur et d'intrépidité. Les trois premières colonnes attaquant en même temps, à dix heures du matin, en moins d'une demi-heure, enlevèrent facilement le bourg.

A défaut de forces, l'ennemi, sans opposer une longue résistance, gagna la Crête-à-Pierrot, au nombre d'une quatre-vingtaine d'hommes, nous dirent les gens de la Petite-Rivière.

Ce furent les généraux Albert Salnave et Guilbaud qui, laissant l'avant-veille les camps Désarmes, Trois-Frères et Saint-Arneau, vinrent à la tête de quelques soldats, organiser la défense de la place.

Dans la matinée, j'avais eu la précaution d'écrire la dépêche qui suit, au général Nerrette.

« N° 354.

« *Dessalines, le* 6 *avril* 1889.

« Général,

« En cas que vous ne puissiez enlever d'assaut,
« aujourd'hui, la Petite-Rivière, vous l'assiégerez
« et attendrez le général Saint-Fleur Paul pour
« donner un nouvel assaut.

« Recevez, etc.

(Signé) « O. Piquant. »

Au lieu d'assiéger la Crête-à-Pierrot, comme, huit jours avant, il assiégea les fortifications de Dessalines, le général Nerrette, poussé par son courage, sa bravoure, la fougue de sa jeunesse, et, probablement aussi, par sa malheureuse détermination de se faire tuer, tenta de prendre d'assaut cette redoutable forteresse au pied de laquelle, en 1802 — pour la gloire immortelle de nos pères! — se brisèrent mêmes les efforts héroïques des vieilles légions françaises!

A la tête donc de quelques intrépides soldats qui le suivirent machinalement, sans organisation, il engagea une vive action avec la garnison de la forteresse, tandis que l'armée fraternisait, dans l'intérieur du bourg, avec une partie de la population.

Dans le fort de l'engagement, après la mort du valeureux colonel André Fortuné et de trois autres des nôtres, voyant qu'il n'y avait aucune chance de succès pour nous, les officiers qui le secondaient lui conseillèrent de retraiter. « Non, « jamais, répondit-il ! » Et son élan désespéré, loin d'être ralenti par ce sage conseil, le porta, presque seul, à quelques pas du fort. Là, le front haut, la poitrine découverte et appuyé sur la garde de son épée dégainée, il se fit tuer. Ainsi se ferma la carrière militaire, à peine commencée, de cet infortuné général qui, après avoir tant de fois conduit à la victoire ses braves soldats, paya ici de sa vie son dévouement à la cause de l'Unité nationale.

Je fus informé de sa mort à trois heures de l'après-midi.

Dès lors, je n'eus presque plus d'espoir dans nos armes, affligé que j'étais par la blessure du général Dardignac d'une part, et de l'autre, par la perte irréparable que l'armée venait de faire dans la personne du général Nerrette.

A l'arrivée de cette douloureuse nouvelle, j'adressai aussitôt une dépêche au général Pyrrhus

Agnan pour lui confier provisoirement le commandement des troupes.

Etant le plus ancien des généraux de l'armée, le général Agnan en avait pris la direction, avant même d'avoir reçu ma dépêche. Malheureusement, il ne put, nonobstant ses plus constants efforts, contenir les soldats déjà déconcertés. Cependant, quoique consternés, ils assiégèrent le fort, de onze heures du matin à cinq heures de l'après-midi.

A ce moment, le général Agnan, le curé de la paroisse et les étrangers représentant la compagnie fluviale de l'Artibonite, sur le conseil de la majeure partie de la population de la Petite-Rivière, s'entendaient pour ouvrir des négociations, en vue d'une soumission, avec la garnison de la forteresse qui, infailliblement, serait obligée de l'évacuer pendant la nuit. Mais, prise de découragement pour avoir perdu un chef qu'elle aimait tant, et sans attendre les préliminaires des pourparlers, l'armée, volontairement, abandonna le bourg, emportant ses blessés, ses mitrailleuses, sa pièce de canon et ses munitions. Pour prix de son désespoir, elle laissa la Petite-Rivière embrasée : triste conséquence de la fureur des armes !

Tel fut le résultat de cette fatale et mémorable

journée qui, déviant la marche victorieuse du 2me corps d'armée dans l'Artibonite et changeant en cyprès les lauriers qui jusqu'ici lui ceignaient le front, occasionna mon triste et malheureux séjour à Dessalines.

III

L'armée avait donc abandonné le bourg de la Petite-Rivière.

A sept heures du soir, un officier vint en hâte m'annoncer qu'elle retraitait sur Dessalines. Aussitôt, j'ordonnai à mon état-major de seller et je me portai au-devant d'elle dans le but d'arrêter sa retraite et de prévenir tout le tort qu'elle allait me causer.

Arrivé au Pont-Joux, je rencontrai ces pauvres soldats. Ils tombaient de fatigue et la faim les dévorait.

Leurs dispositions irrévocables étaient de rentrer à Dessalines. Ils y rentrèrent en effet à onze heures du soir.

Ce fut à partir de ce moment que commencèrent donc les jours lugubres qu'il m'était réservé de passer dans la ville de Dessalines, au milieu de mon corps d'armée.

Si, au sein même de leurs revers, il ne me fut pas permis un seul instant de désespérer de ces vaillants soldats et de la victoire, c'est que j'eus la consolation et la satisfaction grandes de constater que le malheur et les privations de toutes sortes les assaillaient chaque jour sans abattre une minute leur dévouement, leur courage et leur bravoure.

S'il m'était donné de présenter au lecteur le travail que j'ai conçu sur ma campagne dans l'Artibonite, c'est ici que j'aurais à placer les pages que j'aurai à consacrer à la mémoire glorieuse de ces vaillants et intrépides généraux et soldats qui ont eu une attitude vraiment digne, vraiment admirable dans cette pénible circonstance. Oui, au sein même des privations et du malheur, ces soldats ont fait preuve d'une énergie et d'un courage surhumains. Ils méritent toute l'admiration et tout le respect dus au courage malheureux et trahi.

En guise donc d'un récit de mon triste séjour à Dessalines, je publie ici quelques-unes des nombreuses lettres que j'adressai au général Légitime et aux diverses autorités avec lesquelles j'étais en rapport au moment du siège de la ville de Dessalines par l'armée du Nord.

N° 361.

Dessalines, *le* 9 *avril* 1889.

O. Piquant, secrétaire d'État de l'intérieur, etc.

Au général St-Fleur Paul.

Général,

[2e alinéa]. Je suis ici presque sans munitions.

En attendant que celles que j'ai fait demander à Port-au-Prince me parviennent, veuillez m'expédier la plus grande quantité qu'il vous sera possible, pour Remington.

Je compte beaucoup sur vous.

Recevez, etc.

Signé : O. PIQUANT.

Le lendemain, je reçus du général St-Fleur Paul les vingt caisses de cartouches « Remington » qui sont portées dans ma réfutation.

N° 326.

Dessalines, le 9 *avril* 1889.

A S. Ex. le président d'Haïti.

[5e alinéa]. Je vous saurais gré, président, de me faire avoir de l'argent et de la munition, par le général St-Fleur Paul, le plus tôt qu'il vous sera possible, pour empêcher que l'armée ne soit découragée.

Ne perdez pas de temps, président, car cette situation est assez compliquée, quoiqu'elle ne puisse pas me faire perdre du terrain. L'armée est ici sans pain, sans argent.

Veuillez agréer, etc.

Signé : O. PIQUANT.

N° 364.

Dessalines, le 10 *avril* 1889.

Au président d'Haïti.

[5e alinéa]. Veuillez, président, ne pas perdre de temps et me faire expédier les fonds demandés, surtout avec de la petite monnaie.

Daignez agréer, etc.

O. PIQUANT.

Le général Pétion Craig dont il est question dans la réfutation de la note du *Moniteur haïtien*, était porteur de cette dépêche ainsi que du duplicata de la précédente.

N° 366.

Dessalines, le 11 *avril* 1889.

Au général BONHOMME GUERRIER, etc.

Général,

Envoyez-moi sans retard les munitions que je vous ai demandées.

Je vous salue, etc.

O. PIQUANT.

Je n'ai jamais reçu de munitions du général B. Guerrier.

N° 371.

Dessalines, le 12 *avril* 1889.

Au chef de la section de la Savane-Brûlée.

Général,

Dès réception de la présente, vous mettrez à la disposition du général B. Guerrier vingt bêtes de charge avec leurs équipages, pour qu'il fasse prendre des munitions au Morne à Cabrit, lesquelles me seront envoyées à Dessalines.

Je vous salue, etc.

O. PIQUANT.

N° 373.

Dessalines, le 12 *avril* 1889.

Au général BATAILLE, directeur de l'arsenal du Morne à Cabrit.

Général,

Dès réception de la présente, envoyez-moi vingt animaux chargés de cartouches pour Remington et pour carabine de douze, à douille rouge.

Ces munitions font besoin à mon corps d'armée.

Je vous salue, etc.

O. PIQUANT.

Au lieu de vingt on n'avait donné que cinq animaux aux missionnaires qui, arrivés au Morne à

Cabrit, furent obligés d'aller chercher des munitions jusqu'à Port-au-Prince, le général Bataille ayant prétexté que celles qu'il avait en dépôt appartenaient à mon collègue de la Guerre. Ils m'ont apporté les huit caisses de cartouches mentionnées dans la réfutation du *Moniteur haïtien*.

N° 495.

Dessalines, le 19 *avril* 1889.

Au président d'Haïti,

Président,

[2e alinéa]. J'écris à M. Aurel Bayard pour qu'il exécute, réduite de moitié, la note des médicaments que dernièrement je lui avais demandés. Faute de médicaments, les malades et les blessés souffrent énormément.

Veuillez agréer, etc.

O. Piquant.

N° 397.

Dessalines, le 18 *avril* 1889.

Au secrétaire d'État de la Guerre, etc.

Mon cher collègue,

[2e alinéa]. Je profite de cette occasion pour vous demander de m'envoyer, toujours en petite monnaie, la moitié de l'argent destiné au rationnement de l'armée. On n'en trouve pas du tout à Dessalines.

Recevez, etc.

O. PIQUANT.

N° 398.

Dessalines, le 18 *avril* 1889.

Au secrétaire d'État de la guerre, etc.

Mon cher collègue,

[2e alinéa]. Je viens d'écrire à M. Aurel Bayard, pour qu'il exécute, réduite de moitié, la note des médicaments que dernièrement il a exécutée au ministère de la guerre. Je vous en prie, mon cher collègue, ne mettez pas de retard à me les faire parvenir.

Les deux mille cinq cents gourdes que j'ai reçues, par le colonel Carrié, ont à peine suffi pour payer les arriérés et pacifier la plaine de Dessalines. Samedi, les soldats n'auront pas de ration, ce qui va beaucoup me contrarier.

Veuillez recevoir, etc.

O. PIQUANT.

La première commande de médicaments a été faite pour la Grande-Saline.

N° 399.

Dessalines, le 18 *avril* 1889.

Au président d'Haïti,

Président,

[8e alinéa]. Pour l'exécution de mon nouveau plan d'opération, il importe que votre Excellence concentre le plus d'hommes armés possible à la Grande-Saline, de façon que les troupes opérant soient fortes de deux mille hommes environ. Je ne suppose pas que ce soit l'impossible que je réclame de vous, puisque, non compris les dernières expéditions que vous m'avez annoncées pour la Grande-Saline, j'y ai plus de douze cents hommes armés.

[10e alinéa]. Il importe encore que vous donniez l'ordre aux autorités de la ligne du Morne à Cabrit aux Verrettes de me faire acheminer ici et à Saint-Michel une grande quantité de munitions et le plus d'armes possible, et que vous invitiez mon collègue de la guerre à établir une caisse centrale ici pour le rationnement des troupes des Verrettes à Dessalines et de Dessalines à Ennery.

Veuillez agréer, etc.

O. PIQUANT.

Cette dépêche contenait des communications

des plus importantes que j'ai eu à faire au général Légitime pendant la campagne de l'Artibonite. Cependant, elle n'a même pas été honorée d'une réponse.

N° 000.

Dessalines, le 23 *avril* 1889.

Au commandant de la commune de la Petite-Rivière.

Général,

Faites-moi savoir la quantité de munitions que vous avez reçue pour mon armée à Dessalines. Vous me l'expédierez sans retard.

Je vous salue.

O. Piquant

Cette dépêche n'a pas eu de réponse. N'ayant pas eu d'animaux, je ne pouvais pas envoyer prendre des munitions à la Petite-Rivière. J'aurais pu néanmoins envoyer un détachement à pied en chercher, mais les soldats, qui souffraient tant, se sauveraient.

N° 421.

Dessalines, le 24 *avril* 1889.

Au président d'Haiti.

[2e alinéa]. N'oubliez pas, Président, de faire

aboutir à Saint Michel, par la voie du Morne à Cabrit, et à Dessalines, par voie de Beaureapeau, la plus grande quantité d'armes et de munitions que possible. Ces messieurs Ulisse, vos amis de la plaine du Cul-de-Sac, pourront, je crois, s'en occuper.

Nous sommes ici sans argent. Je vous saurais gré, Président, de m'en faire avoir par la plus prochaine occasion et d'ordonner qu'on m'envoie de la petite monnaie surtout, car ici on n'en trouve pas du tout, ce qui fait que les soldats vivent difficilement avec le papier.

Veuillez agréer, etc.

O. PIQUANT.

N° 431.

Dessalines, le 26 *avril* 1886

Au général Saint-Fleur Paul.

Général,

Je vous accuse réception de votre lettre du 25 de ce mois, n° 265; pour laquelle j'apprends avec regret, qu'après un assaut que l'ennemi vous a donné, vous n'avez pas pu, faute de munitions, garder le bourg d'Ennery et que votre quartier général est, aujourd'hui, à la Crête-Sale, etc.

Recevez, etc.,

O. PIQUANT.

Les soldats de la division de la Chapelle que j'avais expédiés avec le général Saint-Fleur Paul attestent que c'est réellement à défaut de munitions qu'ils avaient été obligés d'abandonner Ennery.

N° 431 bis.

Dessalines le 27 *avril* 1889.

Au commandant de la commune de Saint-Michel.

Général,

[3e alinéa]. Ce matin l'ennemi nous a livré un combat sur tous les points, combat qui a duré quatre heures et qui m'a fait user énormément de munitions, de sorte que nous sommes très exposés ici. Il importe que vous me fassiez avoir le plus de cartouches « Remington » possible, même cinquante caisses, si vous les avez en dépôt.

Souvenez-vous, général, que si, à défaut de munitions je suis obligé d'abandonner Dessalines, la cause du gouvernement sera perdue, car Dessalines est vraiment la clef des départements de l'Artibonite et du Nord-Ouest.

Je vous salue.

O. PIQUANT.

Jusqu'alors il n'y avait que quatre caisses de munitions à Saint-Michel.

N° 432.

Dessalines, le 26 *avril.*

Au président d'Haïti.

Président,

J'ai l'honneur de vous communiquer sous ce pli la lettre du général Saint-Fleur Paul, m'annonçant la reprise d'Ennery par l'ennemi. Cette défaite me contrarie. Vraiment il faut voir de près les hommes et les choses pour avoir une juste idée de ce qui se passe. Aussi je ne compte, réellement, que sur mon armée pour le maintien des positions que j'enlève aux insurgés.

Cependant, malgré tout ce que cette armée fait et compte faire encore, si elle ne reçoit pas ici ce qu'il faut pour son entretien, je prévois un grand danger pour la cause du gouvernement, car depuis trois jours, elle se plaint beacoup de ses privations de toutes sortes. Les 2500 piastres que j'ai reçues n'ont pas suffi, comme j'ai eu l'honneur de le dire à votre Excellence, pour payer les arriérés et les rations courantes. C'est ainsi que demain je vais me trouver dans le plus grand des embarras, n'ayant pas même dix centimes à donner au dernier des soldats qui souffrent de la faim. Ici, tout s'achète au prix de l'or. A part les faveurs que j'ai pour habitude de faire aux officiers de toutes catégories de l'armée et à mes propres volontaires qui constituent le fond de mon armée, pour me maintenir ici et suivre l'exécution de mon plan de campagne, il me faudra absolument donner double ration à ces braves gens qui sont cantonnés ici, privés de rations en nature.

Souvenez-vous, Président, que si, à défaut d'éléments nécessaires, l'armée arrive à déserter Dessalines, le coup que nous recevrons sera irréparable, car Dessalines est vraiment la clef des départements de l'Artibonite et du Nord-Ouest.

Malgré l'amour que mes soldats ont pour moi, les tendances sont telles que si je ne les soigne pas je ne pourrais plus les maintenir.

Veuillez agréer, etc.

O. PIQUANT.

N° 437.

Dessalines, le 27 *avril* 1889.

Au commandant des forces militaires de la Petite-Rivière.

Général,

J'envoie le général Baptiste à la tête d'un détachement avec des bêtes de charge pour m'apporter ce que j'ai de munitions à la Petite-Rivière. Cependant, si vous en avez besoin, vous pouvez en garder une partie, etc.

Recevez, etc.

O. PIQUANT.

Le général Baptiste, n'ayant pas trouvé de munitions à la Petite-Rivière, fut obligé d'arriver aux Verrettes, où il avait pris les vingt-cinq caisses mentionnées dans la note du Moniteur haïtien. Ce ne fut que sur les instances du général C. Heuraux, arrivé à Port-au-Prince, que ces munitions avaient été expédiées aux Verrettes.

N° 439.

Dessalines, le 28 *avril* 1889.

Au général SAINT-FLEUR PAUL, etc., etc.

Général,

[2e alinéa]. Le combat d'hier, qui a duré de six heures à onze heures du matin, m'a fait user énormément de munitions. Il importe que vous me fassiez avoir, tout de suite, le plus de cartouches « Remington », même cinquante caisses, si vous les avez en dépôt.

Souvenez-vous, général, que si, à défaut de munitions, je suis obligé d'abandonner Dessalines, le coup que le gouvernement recevra sera peut-être irréparable, car Dessalines est vraiment la clef des départements de l'Artibonite et du Nord-Ouest.

Hier, par un aide de camp qui est reparti immédiatement, j'ai reçu des dépêches de son Exc. le président d'Haïti. L'exprès qui doit m'apporter de l'argent n'est pas encore arrivé. Je vous saurais donc gré de mettre à ma disposition *quinze cents gourdes* qui me serviront à payer la ration de la semaine écoulée.

Recevez général, etc., etc.

O. PIQUANT.

N° 441.

Dessalines, le 28 avril 1889.

Au général SAINT-FLEUR PAUL, etc., etc.

Général,

J'ai reçu votre lettre du 27 avril courant dont le contenu a eu ma meilleure attention. Je suis en bon ordre; seulement, comme je vous l'ai dit ce matin, si je subis une attaque sérieuse, je serai obligé d'abandonner Dessalines, à défaut de munitions.

Je vous le répète, d'après les avis que j'ai reçus, j'attends un assaut de l'ennemi demain. Vous voyez donc toute la gravité de ma situation au point de vue de munition. Vite! vite! envoyez-moi d'une manière ou d'une autre ce que vous avez de cartouches « Remington » et de douze afin de sauver la situation du gouvernement à Dessalines.

Recevez, etc.

O. Piquant.

Le général Saint-Fleur Paul m'avait expédié ce jour-là, vingt-deux caisses de cartouches, dont neuf « Remington », lesquelles sont portées dans la réfutation de la note du Moniteur haïtien, et le reste en cartouches pour mitrailleuse, lesquelles ne me faisaient point besoin puisque j'en avais reçu en masse de la Grande-Saline, avant que l'ennemi eût repris « Mapou ». Il m'avait aussi expédié les quinze cents gourdes demandées. Cette fois, je n'avais pas eu le temps de les lui remettre. C'était pour la seconde fois que le général Saint-Fleur Paul prêtait de l'argent.

Voici sa réponse à ma dépêche :

N° 269,

Saint-Michel, le 29 *avril* 1889.

Au Secrétaire d'Etat de l'intérieur, etc., etc.

Secrétaire d'Etat,

Je m'empresse bien d'expédier à votre haute autorité neuf caisses de cartouches « Remington » et treize de celles de mitrailleuse. J'attends d'autres que j'ai envoyé chercher au Morne à Cabrit ; dès qu'elles me seront parvenues, j'enverrai à votre autorité quelques caisses. Je vous envoie par le général Darcan Guillum la valeur de quinze cents gourdes.

Je vous salue avec respect.

Signé : SAINT-FLEUR PAUL.

D'ordre

L. PAUL.

N° 442.

Dessalines, le 29 *avril* 1889.

Au général ELIACIN HYPPOLITE, etc., etc.

Général,

Au reçu de la présente, envoyez-moi le plus de munitions (cartouches « Remington » et de douze) que vous avez en dépôt à la Petite-Rivière. Hâtez-vous de me faire cette expédition. A défaut, la position de Dessalines peut être compromise. Les munitions pour mitrailleuse me seront expédiées après.

Je vous salue, etc., etc.

O. PIQUANT.

N° 449.

Dessalines, le 29 *avril* 1889.

Au général Ostin Célestin, etc., etc.

Général,

Dès réception de la présente, vous enverrez des hommes en quantité à pied, prendre des munitions à la Petite-Rivière pour m'être apportées ici. Hâtez-vous, hâtez les hommes que vous expédiez. Envoyez la présente en communication au général E. Hyppolite, à la Petite-Rivière.

Je vous salue, etc., etc.

O. Piquant.

Jusqu'à cette date, il n'y avait pas de munitions pour moi, à la Petite-Rivière et j'avais un mois à Dessalines.

N° 344.

Dessalines, le 29 *avril* 1889.

Au Général Saint-Fleur Paul, etc., etc.

Général,

Je vous répète mes deux dépêches d'hier numéros 439 et 441. Il me faut de la munition coûte que coûte pour me maintenir à Dessalines. Envoyez-moi tout ce que vous avez de cartouches de douze et « Remington ». Suspendez jusqu'à nouvel ordre vos opérations sur Ennery afin de pouvoir m'approvisionner en munitions. Il est préférable, général, de garder fermement les positions que vous occupez que d'en enlever d'autres où vous pourrez très-difficilement vous approvisionner en armes, munitions et vivres, etc., etc. Envoyez-moi aussi de la poudre à canon.

Recevez, etc., etc.

O. Piquant.

Le général Saint-Fleur Paul, qui s'empressait toujours de me servir, n'avait pas encore reçu d'autres munitions.

N° 343.

Dessalines, le 29 *avril* 1889.

Au général Eliacin Hyppolite, etc., etc.

Général,

Dès réception de la présente, expédiez quelques gargousses, au moins vingt. Elle doivent me parvenir cette nuit même ; car demain je vais être attaqué terriblement, etc., etc.

Je vous salue, etc., etc.

O. Piquant.

Le général Eliacin m'avait expédié, cette nuit-là, six caisses de cartouches « Remington », ainsi que seize gargousses.

N° 446 bis.

Dessalines, le 29 avril 1889.

Au général Bonhomme Guerrier, etc., etc.

Général,

Au reçu de la présente, vous vous transporterez, avec tout ce que vous avez d'hommes, à la Petite-Rivière, pour y cantonner jusqu'à nouvel ordre.

Vos hommes seront rationnés cette semaine. Envoyez-moi ici, sans aucun retard, toute la munition que vous avez.

Je vous salue, etc., etc.

O. Piquant.

N° 447.

Dessalines, le 29 avril.

Au général Bessière Jean.

Général,

Je vous accuse réception de votre lettre de ce jour, m'annonçant que vous avez pris votre cantonnement à la Savane-Guillaume. Je viens d'écrire au général B. Guerrier d'avoir à se transporter à la Petite-Rivière pour y cantonner jusqu'à nouvel ordre. Envoyez-moi ici, sans retard, toute la munition que vous avez. Vos hommes seront rationnés cette semaine.

Je vous salue, etc., etc.

O. Piquant.

Malgré toutes ces dépêches que je m'étais donné la peine d'écrire le 28 et le 29, je n'avais même pas reçu une cartouche. Le général Bonhomme et le général Bessière qui appartenaient à la même division, n'avaient pas soixante hommes avec eux ce jour-là.

Désespéré de la situation dans laquelle je me trouvais, j'adressai la dépêche suivante au commandant de la commune de la Croix des Bouquets.

N° 451.

Dessalines, le 30 *avril* 1889

Général,

Au reçu de la présente, vous m'enverrez en masse, aux Verrettes, des cartouches « Remington » et de douze que vous prendrez à Port-au-Prince. Là, je les ferai prendre. Hâtez-vous! Étant obligé de repousser chaque jour l'ennemi, il ne faut pas que je sois forcé d'abandonner Dessalines, faute de munitions. Le coup serait grave pour le gouvernement, car Dessalines est la clef des départements de l'Artibonite et du Nord-Ouest. Vite! vite! envoyez-moi ces munitions, y compris gargousses, poudre à canon, tout ce qu'il faut en un mot, pour la grosse batterie. La première expédition consistera principalement en cartouches « Remington » et de douze (douilles rouges).

Je vous salue, général, etc.

O. PIQUANT.

N° 452.

Dessalines, le 30 *avril* 1889.

Au commandant des forces militaires des Verrettes.

Général,

Faites parvenir à sa destination cette lettre que vous remettra mon missionnaire; elle est adressée au commandant de la commune de la Croix des Bouquets. Pressez-vous, général, car il s'agit de la munition dont j'ai grand besoin pour sauver Marchand.

Je vous salue, etc., etc.

O. PIQUANT.

S'il y avait, à ce moment-là, des munitions aux Verrettes et à la Petite-Rivière — à moins que les autorités de ces endroits ne fussent contre le gouvernement — elles m'en auraient expédié.

N° 454.

Dessalines, le 1er *mai* 1889.

Au Président d'Haïti.

Président,

J'ai écrit partout, à Saint-Michel, aux Verrettes, au Morne-à-Cabrit, à la Croix-des-Bouquets et à la Petite-Rivière pour demander des munitions, car à défaut de munitions, avec les fréquentes attaques que me donne Jean Jumeau, je pourrai peut être perdre Dessalines, à un moment donné. C'est ainsi que samedi dernier nous nous sommes battus de 6 heures à 11 heures du matin. Il me faut absolument, Président, de la munition pour ne pas perdre Dessalines.

Veuillez agréer, etc., etc.

O. Piquant.

Depuis fort longtemps je n'avais pas d'animaux pour envoyer chercher des munitions. Partout, j'étais assiégé de très près. Quant aux soldats de l'armée, si j'avais le malheur d'en déplacer un seul, il ne reviendrait pas au camp.

Le même jour, comme on l'a vu dans la réfutation de la note du Moniteur, j'ai adressé au général Légitime la dépêche n° 456. Voici un autre passage de cette dépêche :

J'ai écrit plusieurs dépêches pour demander des médicaments, un médecin et mille autres objets nécessaires. Non seulement je n'ai rien reçu, mais on n'a même pas, jusqu'ici, accusé réception de ces dépêches. C'est vraiment déplorable de voir dans quelles conditions nous sommes obligés de vivre au milieu de privations de toutes sortes. Je suppose que, depuis trois semaines que j'ai écrit au ministre de la guerre, s'il avait fait quelques sacrifices, il pourrait nous envoyer ici quelques objets nécessaires à notre entretien. Surtout du sel à manger et de la monnaie. On ne peut pas vivre ici avec le papier, et les soldats s'en plaignent.

Veuillez agréer, etc., etc.

O. Piquant.

Le général Cadet Faubert, un de mes meilleurs compagnons d'infortune, me conseilla sincèrement d'envoyer chercher quelques secours auprès du général Saint-Fleur Paul. — « Si vous ne faites pas cela, me disait-il, avant deux jours, d'après ce qui se dit un peu partout, il ne vous restera ici que quelques-uns de vos bons amis. » Sur ce, immédiatement, j'adressai au général Saint-Fleur Paul, la dépêche suivante.

N° 468.

Dessalines, le 2 *mai* 1889.

Général,

A n'importe quel prix, achetez-moi pour le compte du gouvernement, du sel à manger, de la banane et du riz que vous m'expédierez tous les jours ou le plus souvent qu'il vous sera possible. Depuis samedi l'armée n'a pas mangé ; elle ne trouve rien à acheter.

Vous ferez des réquisitions extraordinaires en animaux. S'il le faut, vous en louerez. Forcez les femmes de Saint-Michel à venir vendre ici. Si cette mesure n'est pas employée par vous, nous perdrons Dessalines.

Je compte beaucoup sur vous.

Recevez, général, etc., etc.

O. Piquant.

En réponse à mon appel désespéré, le général Saint-Fleur Paul ne m'expédia, par le général A. Simon que j'avais envoyé auprès de lui, que les articles suivants : une petite quantité de sel à manger ; une petite quantité de riz et deux régimes de bananes ; lesquels, me disait-il, étaient pour mon usage personnel. Le sel à manger fut tout de suite partagé par cuillerée aux soldats qui, depuis dix jours, n'en avaient pas goûté.

A la même date, j'adressai au président d'Haïti la dépêche désespérante, n° 470, contenue dans la réfutation de la note du *Moniteur haïtien*.

N° 478.

Dessalines, le 5 *mai* 1889.

Au Général E. Hyppolite, etc., etc.

Général,

Si vous avez des cartouches Minier et autres, pour fusils à piston, envoyez-en deux caisses au commandant de cette commune qui, de concert avec le général Ostin Célestin, est obligé de cantonner au poste Pierrot. L'ennemi a l'intention de couper notre communication avec la Petite-Rivière. De ce côté-ci nous sommes assiégés de près et nous attendons de terribles assauts de l'ennemi, demain matin. Il importe que vous m'envoyiez, quand même, cinq caisses de cartouches, par ce colonel qui vient ici ordinairement, de façon qu'elles arrivent, comme la fois passée, cette nuit même. Vous réquisitionnerez deux animaux à cet effet. Vous enverrez prendre d'autres munitions aux Verrettes, car il y doit y en avoir.

Je vous salue, etc., etc.

O. Piquant.

Je ne sais pas si le général Eliacin avait eu le

temps de m'expédier ces munitions, mais je déclare n'avoir rien reçu cette nuit-là.

Arrivé à Thomonde, j'ai adressé la dépêche suivante au Président d'Haïti.

N° 479.

Thomonde, le 9 *mai* 1889.

Président,

Ce que j'avais prévu est arrivé. Lundi du 6 courant, après un combat de six heures, après avoir repoussé l'ennemi qui a subi des pertes considérables, j'ai été obligé d'abandonner Dessalines, à défaut de munitions. J'ai pris la route de Saint-Michel, car mon passage par la Petite-Rivière a été presque intercepté. Notez que depuis trois jours l'armée n'avait pas mangé. Abrité que j'étais je n'ai eu que quatre blessés qui ont pu me suivre.

Je me transporte d'ici au Mirebalais, aux fins d'aller reprendre ma ligne d'opérations du côté de la Petite-Rivière de l'Artibonite.

Veuillez, Président, je vous prie, m'envoyer argent et provisions. C'est urgent.

N° 480.

Mirebalais, le 13 *mai* 1889.

Président,

Je suis au bourg de Mirebalais avec mon armée.

J'ai rencontré un aide de camp porteur de *trois* mille gourdes destinées au général Pollas. J'ai disposé de cette somme pour les besoins pressants des soldats qui m'accompagnent.

Veuillez agréer, etc., etc.

O. Piquant.

N° 481.

Mirebalais, le 14 *mai* 1889.

Au Président d'Haiti.

Président,

J'ai l'honneur de vous accuser réception de votre dépêche du 17 du courant, ainsi que des six mille gourdes que le département de la guerre m'a expédiées.

Je serai demain à Port-au-Prince, pour une nouvelle organisation de mon armée. J'ai bien voulu rester ici pour m'organiser et garder moi-même la ligne ; mais mes soldats n'en peuvent plus et demandent à se reposer deux ou trois jours à la Capitale. Leur esprit est tel, qu'ils sont partis sans mes ordres.

Veuillez agréer, etc., etc.

O. Piquant.

Telles sont les lettres que j'adressai au président Légitime et aux généraux qui furent en rapport avec moi à ce moment.

Si j'excepte celle que j'ai indiquée, le général Légitime m'accusait régulièrement réception de toutes mes dépêches, mais il le faisait d'une façon si sommaire qu'on croirait volontiers qu'avant d'y répondre, il ne se donnait jamais la peine de les bien lire ou que, totalement ignorant des choses de la guerre, il pensait que les victoires tombaient à un général comme la manne du ciel. Il est vrai de dire aussi que mon collègue de la guerre et moi, nous avions peut-être beaucoup contribué à lui faire croire, par les prompts et heureux résultats de notre activité, qu'à la guerre tout est rose.

Eh bien, non, général Légitime, il n'en est malheureusement pas ainsi. Pour votre gouverne, sachez que la fortune de la guerre, comme celle de la politique, voire de la politique en chambre, a de si brusques et de si décourageants revirements que l'on serait tenté, à certains moments, de maudir Dieu et de s'abandonner au désespoir pour le reste de sa vie.

C'est ainsi que, après avoir été victorieux de l'Arcahaïe à Dessalines où j'étais presque maître de toute l'Artibonite, nous fûmes arrivés à abandonner tous les points que nous occupions, et cela par la force des choses, force dont vous avez été le créateur.

Si le général Légitime avait daigné me croire quand, dans chacune de mes dépêches, je lui disais que Dessalines était en quelque sorte la clef du triomphe de la cause qu'il défendait, nous aurions sûrement évité l'irréparable catastrophe de Marchand. Mais non, placé à une extrémité de la longue distance qui sépare le palais de la présidence de la ville de Dessalines, et croyant voir mieux que moi qui fus sur les lieux, il voulut diriger lui-même les opérations militaires, entouré de ses généraux de boudoir qui lui traçaient des plans de campagne sur le fond d'une assiette à dessert, et entre boire.

Il est vrai encore de dire que pour eux, le triomphe étant complet, ce fut le moment d'ouvrir leur campagne décisive contre moi — qui pourtant venais si largement de contribuer à leur splendeur — et d'exécuter le beau tour qu'ils m'avaient préparé comme couronnement de leur arc de triomphe.

Fort heureusement pour moi, Dieu en avait décidé autrement.

En somme, ces messieurs ne se faisaient point illusion, quand ils se disaient victorieux dans l'Artibonite.

En effet, qui pourrait nier, après la prise de

Dessalines, que nous étions à la fin de la lutte dans l'Artibonite ? Au Port-au-Prince, les gens hostiles au gouvernement ne disaient-ils pas publiquement : « La ville de Dessalines étant prise, notre cause est perdue ! » N'avaient-ils pas dit, eux aussi, qu'ils se savaient vaincus dans l'Artibonite, ceux qui, après la prise de la Petite-Rivière, s'étaient réfugiés dans la Crête-à-Pierrot, le 6 mai, jour fatal qui a ravi à la patrie, à sa famille et à ses nombreux amis l'infortuné général Nerrette ?

Les assiégés, à ce propos, n'avaient-ils pas fait entendre ce cri, pour nous déchirant, et pour eux de bonheur : « Nous avons tué Nerrette, nous sommes sauvés ! »

En effet, alors seulement ils pouvaient concevoir l'espérance de nous échapper, car ce jeune et intrépide général, en l'absence du valeureux général Dardignac, était indispensable à cette heure. C'était vraiment le moment pour le général Légitime et son entourage d'ouvrir contre moi une contre-campagne.

Oui, leur secret dessin était de me faire disparaître. Et pourquoi ? Parce que, disaient-ils, ma vie est un obstacle au succès de celui qu'ils ont déjà choisi pour occuper le fauteuil présidentiel, à l'expiration du mandat du général Légitime, et bien que celui-là, un des plus honnêtes citoyens de la République, n'y veuille point prêter le flanc.

Voilà aussi pourquoi, complice de leur criminel projet et partageant leurs passions, le général Légitime me laissa sans secours, enfermé avec quelques jeunes gens dans la ville de Dessalines dont il voulait faire notre tombeau.

Pour être convaincu de l'étrange hostilité de ces messieurs, qu'on parcoure certains journaux parus au début des événements. La plupart du temps on n'aura même pas besoin de chercher à lire entre les lignes pour voir les flèches malveillantes qu'ils me décochaient par derrière, tandis que par devant m'arrivaient les balles de ceux qui leur ont déclaré une guerre à mort. Mais, les trop habiles, ils ne savent pas qu'en politique l'œuvre de plusieurs années de lutte ne se démolit pas en une nuit de basse intrigue.

Comment ! penser déjà, et de concert avec lui, au remplacement d'un chef d'Etat qui, on peut le dire, n'a pas encore en main les rênes du pouvoir ! Et — ce qui est le comble de l'on ne sait quoi — comploter la perte de celui qui, après avoir contribué à placer ce chef d'Etat où il est, exposait sa poitrine pour le faire définitivement triompher ! Ce dicton : « la passion aveugle » trouve bien son affirmation.

C'était vraiment, mes bons messieurs, surmener la pauvre bête, sans craindre de la voir crever et de vous voir, vous, obligés de rester au milieu de la route. Qui veut voyager loin ménage sa monture, dit un proverbe.

N'eût-il pas été plus intelligent d'attendre tout au moins l'issue des événements pour convoiter avec cette animosité la succession de M. Légitime? Certes, car ceux que M. Légitime appelle aujourd'hui ses vrais amis et pour lesquels il n'est qu'une trop étroite couverture, lui auraient donné le temps et la satisfaction de tirer son gouvernement de l'état embryonnaire où il est, sinon de l'asseoir et de le cimenter.

S'il existe donc plusieurs causes du désarroi dans lequel se trouve en ce moment le gouvernement de Port-au-Prince, elles ne sont que les produits de cette cause-mère : vouloir trop tôt penser au remplacement de M. Légitime qui n'est pas précisément président de la République, puisqu'il a pris le pouvoir en pleine guerre civile.

D'ailleurs, les pages sanglantes de notre histoire ne sont-elles pas couvertes de rudes et utiles enseignements à l'égard de cette politique pleine de dangers ?

Triste recueil de nos malheurs, nous y lisons chaque jour que cette politique a une part énorme dans la perte de tous les gouvernements du pays que la guerre intestine a détruits.

En face donc des anciens partis qui se remuent,

qui prônent déjà leurs candidats à la présidence, un autre s'est formé et prône aussi le sien ; et chacun ne voit son triomphe que dans ma mort, tandis que le général Légitime, de son côté, y voit son maintien au pouvoir. Une fois revenu à Port-au-Prince, comment pourrais-je vivre au milieu de ce grand tourbillon de passions politiques, sur un volcan qui depuis longtemps grondait sous mes pas, sans la crainte continuelle de le voir à un moment donné s'ouvrir pour mettre la capitale en péril !

Pour permettre donc à mes concitoyens de Port-au-Prince d'avoir toujours un sommeil léger, pour vivre moi-même tranquille au sein de ma nombreuse famille et ne pas avoir un jour à me reprocher les horreurs de quelque fête sanglante, j'ai pris le parti sage de quitter le pays.

Puisque ma présence en Haïti — malgré les services que mon épée rendait à l'intéressante population de Port-au-Prince à laquelle je dois tant de reconnaissance — constituait, selon M. Légitime, un obstacle à la bonne marche de son gouvernement, et que maintenant je mange avec les miens le pain noir de l'exil, il pourra s'asseoir paisiblement dans son palais et vaincre M. Florvil Hippolyte.

Si je dois, du fond de mon exil, exprimer un regret, c'est celui que j'éprouve de ne pas pouvoir, grâce à M. Légitime et à son funeste entourage, continuer à mettre au service de la défense de l'ordre, tout ce que je me sens de courage, d'activité, d'énergie et de dévouement.

Et en quoi ma présence à Port-au-Prince pouvait-elle constituer un obstacle au triomphe du successeur de M. Légitime ?

Ai-je jamais dit à qui que ce soit que mes intentions sont de le remplacer après son septennat ? Et quand cela serait, quelle raison aurait-on de m'en faire un crime, puisque nul n'a le droit de dire que j'ai démérité de mon pays qui m'a déjà vu à l'œuvre.

Mes opinions politiques peuvent ne pas être celles de quelques-uns. Mais vouloir pour cela la mort de mes adversaires est une pensée criminelle, barbare que repousse un grand cœur, un esprit vraiment libéral, un vrai démocrate, un ami du progrès.

Au contraire, personne à la capitale n'ignore que — si j'étais un mauvais citoyen, si je ne voulais pas voir tous les groupes politiques s'unir pour le bien de la communauté — j'aurais seulement à parler pour faire échouer à Port-au-Prince certaines candidatures.

Je ne suis pas avec ces utopistes qui, croyant en leur pouvoir de réagir contre les lois immuables de la nature et ne tenant aucun compte des éternelles nécessités qui président au progrès de l'humanité, disent qu'il faut étouffer, anéantir l'idée de parti au sein d'un peuple libre. L'esprit de parti est inhérent à un peuple qui ne râle pas sous la botte d'un César et qui marche à la civilisation par la liberté.

Cependant, ce que j'ai voulu à ce moment et que je veux encore sincèrement, c'est l'union franche et loyale de nos partis, car, comme disait le fondateur de l'indépendance américaine à ses concitoyens, comme a dit Washington, « chaque partie « d'un pays, trouvant son avantage immédiat dans « l'union, toutes les parties ensemble ne peuvent « manquer de trouver, dans la combinaison de « leurs moyens, une plus grande force, de plus « grandes ressources et proportionnellement une « garantie plus efficace contre les dangers exté- « rieurs et l'assurance de voir la paix moins fré- « quemment troublée (1). »

Oui, au lieu de cette inclination à l'oppression et à l'obscurantisme, de cette intolérance et de ce désir continuel de vengeance qui inspirent et font agir certains de nos hommes politiques, c'est plutôt l'union franche, sincère et féconde qu'il nous faut pour atteindre le grand but, le but

(1) Adresse d'adieux de Washington, au moment de quitter le pouvoir.

grandiose pour lequel nos pères nous ont légué notre glorieuse indépendance, but qui est la constitution d'une société régulière, d'une société politique marchant sagement à la conquête de tous les éléments qui font les peuples civilisés.

Prenons garde de faillir à cette noble tâche !

D'un autre côté — pour rester sur le terrain qui nous occupe essentiellement — que les hommes impartiaux, au fait des événements, disent si, sans moi, M. Légitime serait jamais chef provisoire du pouvoir exécutif d'abord, ensuite — par la part que j'ai prise à la pacification des villes insurgées — cette espèce de président de République qu'il est devenu plus tard.

Si donc, loin de le contrarier, j'avais cru bien faire de l'aider, de le favoriser, je ne vois pas pourquoi, en homme d'honneur, je ne voudrais pas le voir, après, à la tête d'un gouvernement régulier, travaillant au progrès de mon pays.

Le lecteur vient certainement d'inférer des dépêches plus haut transcrites que la perte de Dessalines revient uniquement au général Légitime.

Cependant je ne m'étais pas résigné encore à dire que la ville était perdue. Ayant conservé jusqu'ici toutes mes espérances, et comprenant que je défendais une noble cause : celle de l'unité nationale et de l'intégrité du territoire de la patrie j'eus l'intention arrêtée, arrivé à Thomonde, après avoir quitté Marchand, d'aller reprendre, du côté des Verrettes, ma ligne d'opérations, ainsi que je l'avais écrit au général Légitime.

Mais les soldats, parvenus au Mirebalais, protestèrent, et je ne leur en fis pas un crime, car ils avaient bien le droit de vouloir prendre du repos, après leur triste et malheureux séjour à Dessalines, après avoir été obligés de faire trente à quarante lieues nu-pieds, parcourant les plus exécrables chemins que j'ai vus de ma vie et, par-dessus le marché, dévorés par la faim.

Ils demandaient donc avec raison et péremptoirement à passer deux ou trois jours à Port-au-Prince pour, non seulement se reposer, mais aussi avoir la satisfaction de revoir et d'embrasser leurs pères et mères, leurs femmes et leurs enfants qu'ils avaient perdu de vue depuis six mois.

Observez qu'à ce moment-là on faisait courir le bruit de la disparition totale de mon corps d'armée, ce qui avait plongé la ville de Port-au-Prince dans la plus grande consternation.

De plus, j'ai déjà dit que mon armée n'était composée que de volontaires, pour la plupart ces hommes de nos mornes, inconscients, presque tous. Et l'on sait ce qu'est en Haïti une armée composée de volontaires. Pour être, sans doute, d'accord avec son origine, on sait qu'elle veut toujours être une armée volontaire. Si j'avais persisté dans mes intentions de poursuivre la campagne de l'Artibonite du côté de la Chapelle, ces soldats m'auraient tout bonnement laissé seul au milieu des bois. C'est ainsi que, en dehors même de ma volonté, ils avaient quitté le Mirebalais. Je n'avais pu les rallier, par parties, qu'au Pont-Bedet dans la soirée, et le lendemain matin qu'au Pont-Rouge.

Jusqu'ici il n'y avait point à craindre pour le gouvernement, puisque mes dispositions étaient, à mon arrivée à Port-au-Prince, de réorganiser les mille hommes qui m'accompagnaient, de porter mon effectif à trois mille et d'aller, en moins de huit jours, trouver à la Grande-Saline l'autre portion de mon corps d'armée, forte de douze cents hommes. Là, j'aurais établi une nouvelle ligne d'opérations qui, infailliblement, aurait frit revenir à moi la partie de l'armée du Nord qui se tenait du côté de la Chapelle.

Ce qui perdit le général Légitime, c'est une maladroite dépêche qu'il m'écrivit, à mon arrivée à la Croix-des-Missions. Tandis que mes troupes étaient déjà aux portes de la capitale, je reçus de lui cette dépêche ainsi conçue : « Je vous donne « ordre formel d'aller reprendre la ligne du Morne-« à-Cabrit. »

Cette courtoisie d'un nouveau genre m'indigna ;

et ce fut alors seulement, quand j'aurais dû le faire depuis longtemps, que je pris la détermination de m'effacer de son ministère. C'était à la fois de l'impudence et de l'imprudence de la part du général Légitime que de penser pouvoir me traiter comme le premier général venu.

S'il avait eu seulement quelque idée des choses de la guerre, faisant taire ses injustes emportements et après avoir surtout demandé à sa conscience si elle n'avait rien à lui reprocher, le général Légitime, en apprenant mon retour à Port-au-Prince, se fût transporté au Morne-à-Cabrit où il n'y avait pas lieu de craindre d'entendre le sifflement des balles. Là, en homme consciencieux, il se fût rendu compte de l'état de mon armée miraculeusement sauvée d'un si grand péril, et se fût entendu avec moi sur les nouvelles dispositions à prendre.

Mais non, il crut plus sage, pensant sans doute faire œuvre d'habileté, de m'écrire avec cette inqualifiable brutalité. Aussi, c'est sous l'empire de la plus profonde indignation qu'arrivé au Pont-Rouge je lui fis entendre ces paroles qui nous ont complétement brouillés :

« Président,

« Voyez dans quel état mon corps d'armée est « arrivé ici de sa retraite de Dessalines ! Les sol-

« dats sont pieds nus et en guenille. Ils n'ont pas « pris d'aliments solides depuis environ quinze « jours. Quant au sel à manger, ils en ont presque « perdu le goût. Ils viennent de faire une marche « forcée de trente à quarante lieues et de parcou- « rir les plus exécrables chemins que j'ai vus de « ma vie.

« Jetez un coup d'œil sur ces deux jeunes gens « qui ne sont pas habitués à souffrir (deux jeunes « gens de Port-au-Prince sont désignés). Ils « n'ont même pas de chemise sur le corps, et « sont nu-pieds, couverts d'insectes ! Un tel état de « choses est de nature à attendrir le cœur le plus « insensible.

« Le 6 mai, l'ennemi m'attaqua acharnément « de 6 à 11 heures du matin. Après une lutte « héroïque, il fut avantageusement repoussé en « trois fois. Mais, force me fut d'abandonner, sur « l'heure, Dessalines : il n'y avait plus de muni- « tions.

« Voici les débris de vos mitrailleuses que j'ai « précipitées dans les abîmes de la Coupe-Haleine. « (Les généraux qui commandaient ces mitrail- « leuses en présentent les clefs et quelques débris.) « Si cette armée se trouve ici, au moment où « je vous parle, la faute en est à..... à la négligence « de ceux que vous avez chargés d'exécuter vos « ordres.

« Cette retraite que j'ai opérée avec les honneurs « de la guerre, loin d'être une défaite, comme on « semble le dire, est plutôt un puissant moyen de « réorganisation, car elle est de nature à faire « revivre dans le cœur de chaque Port-au-Prin- « cien le sentiment de la défense de l'Union na- « tionale.

« Je ne viens pas ici pour y rester, mais pour « permettre à mes soldats de se reposer deux ou « trois jours. Ils repartiront immédiatement. Je suis « donc prêt à reprendre la lutte avec plus de cou- « rage et d'ardeur, car c'est la cause de l'honneur « que nous avons entrepris de défendre. Oui, nous « sommes prêts à repartir en guerre ; mais *il faut « que tout le monde y mette la main.*

Soldats,

« Jurez de ne jamais m'abandonner et de re- « prendre cette campagne avec plus de courage « et de résignation.

« (Les soldats assitôt poussent le cri de : Vive « le ministre Piquant !)

« Vous voyez donc, Président, que nous ne « sommes pas découragés, comme on semble le « croire. »

Après ces paroles je me retirai sous une galerie du quartier pour me reposer. Le général Légitime, que j'avais laissé sur le pont, me fit appeler. En tête à tête, je lui dis : « Vous m'avez adressé une dépêche qui m'a fort déplu. » — Lui de me répondre : « Existe-il deux chefs d'Etat à Port-au-Prince ? » — « Non, lui répliquai-je; mais je ne tiens plus à faire partie de votre Cabinet. » — « On ne vous demande pas de vous effacer du Cabinet », reprit-il.

Puis nous nous séparâmes.

Rentré en ville, il donna l'ordre à l'armée d'aller cantonner au fort Lamarre. Une demi-heure après je le suivis, et me rendant chez moi, je passai devant le bureau de l'arrondissement, celui de la Place et devant l'arsenal.

C'est le dernier passage de mon discours qui, servant de cheval de bataille au général Légitime, lui permit, pour insinuer que je voulais renverser son gouvernement, d'avancer, dans la note calomnieuse du *Moniteur* du 23 mai, que mes soldats, qui cependant avaient juré de ne jamais m'abandonner et de mourir à mes côtés, m'avaient fait défaut ce jour-là. Pourquoi n'avait-il pas dit dans quelle circonstance ces soldats avaient fait ce serment, au lieu d'en tordre le sens? C'est parce qu'assurément il démolirait lui-même toute cette montagne de mensonges qu'il a maladroitement et méchamment accumulés.

Personne n'ignore que ce jour — si là eussent été

mes intentions — je n'eusse eu qu'à souffler dessus pour renverser ce gouvernement de carton, car les trois quarts au moins de la population de la capitale, depuis longtemps révoltés par l'insigne mauvaise conduite et l'inaptitude notoire de M. Légitime, comme politique et comme chef d'Etat, s'étaient groupés autour de moi. On vint même, pendant que j'étais à la Légation de France, me faire mille et une propositions de ce genre ; et je les repoussai toutes, comprenant que c'eût été une vraie maladresse de ma part d'accepter un tel coup de main qui eût terni à jamais mon nom.

Cependant, si le général Légitime n'avait pas eu la prévoyance de me faire partir de nuit ou si, fermant les yeux sur la gravité de cette situation, je ne m'étais pas conformé à son désir, j'ignore ce que, en dehors de moi et pour mon plus vif regret, il serait advenu de la ville de Port-au-Prince.

Dans la note du *Moniteur*, il est également dit que le général Piquant, à son arrivée à Port-au-Prince, s'était rendu chez lui sans même se donner la peine de se présenter au Palais national.

Et qu'avais-je à faire ou à voir dans ce palais pompeusement paré où s'engloutit la fortune du pays en débauches de toutes sortes? Du reste n'avais-je pas, la veille, au Pont-Rouge, offert ma démission au général Légitime? D'après l'entretien qu'il y eut avec moi, il devait au moins comprendre que je n'étais pas le moins du monde disposé à être pour lui et pour sa clique un instrument docile qui ne serait plus bon qu'à démolir et qu'à jeter après qu'ils s'en seraient habilement servi.

Je ne sais vraiment pas ce que M. Légitime pensait de moi, car on n'a jamais vu un homme se conduire de la sorte vis-à-vis d'un autre qui lui aurait déjà rendu et qui lui rendait encore de grands services.

Il est vrai, je le répète, que pour lui — parvenus que nous étions à la fin de lutte — il n'y avait plus à aller de main morte, et qu'il lui fallait se défaire de moi, afin de se maintenir au Pouvoir et de donner à ceux qui l'ont excité contre moi la satisfaction de vider leurs coupes de joie sur ma tombe.

Eh bien, c'est ainsi que Dieu, dans sa divine justice, frappe les hommes sans cœur et sauve de leurs pièges ceux qui sont de bonne foi et confiants.

Quant au fait même d'avoir retraité, il y a lieu de se demander si c'est parce qu'il a voulu s'essayer à la mauvaise foi ou si c'est parce que — du début des événements jusqu'au moment où il apprit la retraite de l'armée sur Port-au-Prince — le général Légitime n'avait pas l'intelligence de ce qu'il disait, faisait et voyait autour de lui qu'il a écrit dans la même note du *Moniteur* : « la retraite inattendue du général Piquant ».

Il semble au contraire qu'à la lecture de ces dépêches, l'homme le plus borné eût prévu la catastrophe, et que le général Légitime lui-même, en restant sourd à mes demandes de munitions, se fut préparé à recevoir, d'un moment à l'autre, la nouvelle, non pas de la défaite, mais de la destruction totale de mon corps d'armée, enserré et sans cesse assailli qu'il était de toutes parts.

Loin donc de maudire, je rends grâce à Dieu de m'avoir permis d'opérer cette retraite et de sauver miraculeusement d'une boucherie imminente ces malheureux jeunes gens qui étaient déjà fatigués de supporter les dures privations que semblaient leur infliger à plaisir ceux-mêmes pour le bien-être desquels seuls ils avaient fait le sacrifice de leur propre vie, sans l'espoir d'obtenir plus tard d'autres récompenses que l'ingratitude et l'humiliation.

Le général Légitime, dis-je, s'attendait sûrement à ce qui est arrivé, et grâce à lui seul. La catastrophe accomplie, c'est moi qu'il montre du doigt pour désigner d'avance l'auteur de la chute prochaine de son gouvernement, et pour se disculper aux yeux des Port-au-Princiens et des habitants de l'Ouest et du Sud.

Si vous tremblez déjà devant la crainte que demain quelques-uns de vos concitoyens n'aient à vous reprocher d'avoir occasionné, avec la destruction de leur peu de ressources, la disparition de ceux qui leur sont chers, ce n'est pas à moi qu'il faut vous en prendre, général Légitime, mais à ceux qui, accomplissant leur désir effréné, ont, en moins de trois mois, encaissé et déposé dans les banques de l'Europe des fortunes scandaleuses pour eux-mêmes et pour le compte de leurs complices, et grâce à votre inqualifiable négligence, grâce à votre apathie ; c'est encore à ceux que vous avez imprudemment mécontentés et qui vous opposent aujourd'hui la plus invincible des forces d'inertie ; c'est au mauvais effet qu'a produit dans leur esprit le maintien aux affaires de certaines autorités qui, dans le court espace de temps que vous devez passer au Pouvoir, accumuleront plus d'or qu'ils n'en ont amassé durant les neuf longues années de règne du président Salomon. Il faut aussi vous en prendre à votre aveugle et maladroite persistance à ne vouloir choisir pour fonctionnaires et employés publics que ceux qui, ayant tout intérêt à conspirer moralement contre vous, ont fait monter le change à 70 0/0 ; enfin, général Légitime, il faut vous en prendre à tous ceux qui, plus habiles que vous, vous ont, pour vous perdre ensuite, détourné de la voie que vous aviez à suivre. Si vous aviez le culte du passé au même degré que beaucoup de ceux qu'aujourd'hui vous avez pour plus intimes confidents, vous sauriez que la plupart ne peuvent vous servir qu'hypocritement, qu'en vue du vil intérêt personnel, et sauriez alors mieux connaître vos vrais amis et choisir avec plus de discernement vos serviteurs.

En 1883, à l'heure où se déroulaient les évènements de cette lugubre période de notre politique intérieure, le général Légitime écrivit à M. O. Cameau la lettre suivante qu'on peut lire dans le *journal officiel* d'Haïti du 31 mai 1883, 3e page, en tête de la 3e colonne :

Port-au-Prince, le 28 *mai* 1883.

« Mon cher Cameau,

« En votre qualité de secrétaire d'Etat de l'In-
« térieur, vous n'êtes pas sans avoir appris tout
« ce qui se dit depuis quatre jours. Des bruits
« absurdes, étranges, ont dû avoir frappé vos
« oreilles et vous indigner d'horreur.

« Eh quoi ! *ces mêmes hommes qui, hier encore,*
« *me vouaient aux gémonies*, m'enveloppant
« dans une commune réprobation avec le général
« Salomon, cherchent aujourd'hui à me détacher
« de lui !

« Ils se trompent, car l'intrigue ne séparera « point ceux que l'amitié et la politique ont unis.

« J'ai été secrétaire d'Etat sous le gouvernement « ment actuel (celui du général Salomon); j'ai, « par conséquent, ma part de responsabilité dans « son administration que *les ennemis* ont décriée.

« J'ai été avant le 30 juin (1879), un ami dé« voué, un admirateur du général Salomon ; et, « parce que j'avais encouragé ceux qui lui appor« taient leurs suffrages, je dois encore répondre « moralement devant le pays de l'avènement de « ce chef à la présidence.

« *Or, mon nom, mon honneur et ma propre « sécurité* me commandent d'être ce que je suis : « un serviteur dévoué de l'ordre des choses ac« tuel.

« Je m'arrête ici, sentant que vous compren« drez, mon cher Cameau, le sentiment qui « m'oblige à vous exprimer ces quelques pen« sées, en attendant que l'ouvrage que je fais pu« blier vienne encore témoigner de ma solidarité « dans le Gouvernement.

« Votre bien dévoué, »
Signé : « D. Légitime. »

Après ces paroles — que n'ont certainement pas oubliées ceux qui, à cette époque, étaient vos adversaires politiques, « les ennemis » comme vous les qualifiez, et qu'aujourd'hui vous choyez à l'exclusion de ceux qu'autrefois vous appeliez vos amis — après ces paroles, comment pouvez-vous croire sincèrement devoir trouver dans tous ceux qui actuellement sont autour de vous de vrais amis, des auxiliaires sincères et des serviteurs loyaux?

De même que, adversaires irréconciliables, la plupart se rappellent encore et me reprochent très amèrement certaines paroles que j'ai prononcées, en 1884, en prenant possession du fauteuil de la présidence de la chambre des députés, ainsi ils se souviennent encore, soyez-en sûr, des termes de cette lettre.

Pour mieux frapper M. Légitime, en se masquant, plusieurs d'entre eux diront qu'ils ont parlé et écrit, qu'ils parlent et écrivent en sa faveur, ce qui prouve leur sincérité et leur dévouement. A ceux-là je réponds avec conviction que cette sincérité et ce dévouement ne sont que feints, qu'ils font contre fortune bon cœur.

D'ailleurs, il leur fallait un homme de paille pour pouvoir mieux faire leur jeu.

Le général Légitime s'étant offert, ils n'avaient rien de plus pressant à faire qu'à s'en emparer.

Oui, M. Légitime, voilà le rôle, bien triste, que vous jouez en ce moment. Je vous donne l'assurance que, jusqu'à ce qu'ils aient assouvi leur désir qui est de perdre leurs anciens adversaires politiques, parmi lesquels ils vous rangent, vos prétendus amis continueront de conspirer moralement et secrètement contre vous, s'ils reculent jusqu'ici devant la honte de le faire matériellement et ouvertement.

Telle est leur politique insidieuse que vous êtes assez simple pour ne pas comprendre.

Voilà ce que je tenais à porter à la connaissance de mes concitoyens pour dissiper les infâmes calomnies dont j'ai été l'objet de la part du général Légitime.

J'ai présenté des documents officiels à mes juges. Après les avoir examinés, ils n'éprouveront sûrement pas de difficultés à en déduire les causes de ma retraite de Dessalines.

Pour ce qui concerne le lecteur à l'abri de toute prévention et par dessus tout ami de la vérité, j'aime à dire — avec l'assurance de l'homme qui se sait d'accord avec sa conscience — qu'il n'hésitera pas un seul instant à me faire justice de l'accusation de trahison qu'a portée contre moi le général Légitime.

Pour finir, je déclare à l'entendement du pays entier que le général Légitime est la providence de la retraite de Dessalines, que, dans la circonstance, il est l'ouvrier de ses propres œuvres.

Je déclare en outre que le 6 mai dernier, après

avoir opposé à l'armée du Nord, de 6 à 11 heures du matin, la plus héroïque des résistances et l'avoir, en trois fois, fait battre en retraite, j'ai été obligé d'évacuer, sur l'heure, la ville de Dessalines, à défaut de munitions et de provisions de bouche.

Je laisse maintenant au lecteur impartial le soin de dire si, dans ces difficiles circonstances et d'après la correspondance publiée ci-dessus, j'ai déployé toute l'activité et toute l'énergie qu'en pareille occasion eût déployées un général d'armée soucieux de son honneur militaire et un homme politique convaincu, dévoué au triomphe de la cause qu'il défend.

Quand vous aurez prononcé, lecteur, vous aurez aussi fixé, entre le général Légitime et moi, celui sur lequel devra tomber la responsabilité des conséquences inévitables de ma retraite de Dessalines.

Mayaguez de Porto-Rico, le 10 août 1889.

Paris. — Typ. A. DAVY, 52, rue Madame.

www.ingramcontent.com/pod-product-compliance
Ingram Content Group UK Ltd.
Pitfield, Milton Keynes, MK11 3LW, UK
UKHW020114240726
13926UKWH00011B/1466

9 782016 114292